요미월드 도와줘! 초등 신문 ❷

절대 읽지 마, 신문

요미월드 도와줘! 초등 신문 ②

절대 읽지 마, 신문

원작 요미월드 | 글 김지균 | 그림 이정수

서울문화사

이 책의 구성과 특징

경제, 환경, 사회, 문화, 언론 총 5개의 분야에서 선별한 50개의 핵심 주제를 다루었어요.

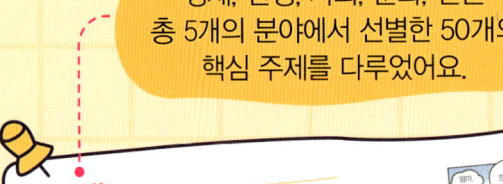

어려운 단어나 꼭 알아야 할 시사 용어를 초등학생이 이해하기 쉽게 설명해 줘요.

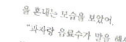

요미월드 친구들이 등장하는 재미있는 만화와 동화로 사회 이슈에 대해 친근하게 접근할 수 있도록 했어요.

앞에서 만화와 동화로 접했던 사회 이슈를 신문 기사로 보여 줘요.

기사가 다루는 이슈에 대해 서로 반대되는 의견을 함께 소개하여, 다양한 의견을 이해할 수 있도록 도와주어요.

과도한 가격 경쟁이 부른 불상사

최근 요미시의 편의점들이 과도한 가격 경쟁으로 폐업 위기에 놓였습니다. 한 달 전 요미24편의점은 인근 ZU편의점보다 파격적인 가격의 상품을 선보이며 경쟁에 불을 붙였습니다. 시중에서 3,000원에 판매되는 푸기간빵을 절반 가격인 1,500원으로 내렸으며, 2,000원짜리 감냥이 과자는 500원에 판매하고 있습니다. 이 상품들을 포함한 세 가지 세트 상품 가격은 3,000원으로 책정했습니다. 이에 ZU편의점은 모든 상품을 요미24편의점 상품에 비해 200원 더 저렴하게 판매하기 시작했습니다. 두 편의점을 모두 이용하는 오예름 양은 "두 편의점의 가격을 비교해 더 저렴한 곳을 찾고 있으며, 앞으로 가격이 더 내려가길 기대한다"라고 하며, "두 편의점 사장님들의 얼굴에는 주름이 깊어진 것 같다"라고 덧붙였습니다.

"가격을 조정하는 건 파는 사람 마음이지. 난 가격을 더 낮춰서 손님들이 우리 편의점만 오게 만들 거야. 그러면 자연스럽게 ZU편의점은 버티지 못하겠지. 난 그때까진 계속 가격을 낮출 생각이야."

똑똑한 맞대결

"소비자 입장에서는 상품 가격이 낮아지면 좋지만, 그렇게 경쟁이 심해지면 두 편의점 모두 어려워질 수 있어요. 두 곳이 모두 문을 닫게 되면, 우리는 가까운 곳에서 물건을 살 수 없어 더 불편해질 거예요."

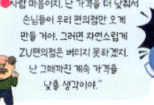

신문 해설

상품의 가격은 여러 가지 요소를 고려해 결정돼요. 상품을 만들 때도 드는 생산비(재료비, 노동자의 임금 등)와 시장 상황, 브랜드 가치, 품질 등에 따라 가격이 매겨지죠. 상품의 종류마다 결정 과정이 달라지기도 해요. 두부 한 모를 만들 때는 콩을 비롯한 재료비와 인건비, 유통 과정에 따른 비용이 고려되어 가격이 정해지겠죠? 그런데 국산 콩을 사용한 두부는 더 비싼 값에 팔리기도 해요. 일반적인 시장 가격도 고려해요. 두부 한 모를 20,000원에 판다면 소비자는 두부 대신 다른 식품을 선택하게 될 거예요. 소비자가 어떤 상품을 사려고 하는 마음을 '수요'라고 하고, 생산자가 상품을 소비자에게 제공하는 것을 '공급'이라고 해요. 수요가 많으면 생산자는 가격을 높이기도 하지요. 또 농산물의 경우 흉년이 들어 수확량이 줄면 가격이 오르기도 해요.

똑똑한 문제와 정리

● 가격의 결정과 관련해 틀린 것 두 가지를 고르세요.
① 풍년이 들어 사과 수확량이 많으면 사과 값이 떨어진다.
② 가격이 오르면 공급량이 늘어난다.
③ 가격이 오르면 수요량이 늘어난다.
④ 브랜드 가치가 높으면 가격은 낮게 책정된다.

● 다음 빈칸을 채우세요.
□□□□□은 시장을 지배하는 하나의 기업 또는 소수의 기업을 일컫는 말이다.

교과서 상식 백과

수요와 공급은 시장에서 가격과 거래량을 결정해요. 수요는 소비자가 일정 시간 안에 구매하고자 하는 상품(재화)의 양을 뜻하고, 공급은 생산자가 일정 시간 안에 생산하려는 상품의 양을 뜻해요. 이때 가격이 오르면 수요량은 줄고, 가격이 내리면 수요량은 늘어요. 공급은 수요와 반대로 움직여요. 가격이 오르면 공급량이 늘고, 가격이 내리면 공급량은 줄지요. 보통 수요와 공급이 일치하는 지점에서 가격이 결정돼요. 한 기업 또는 소수 기업이 시장의 대부분을 차지하는 것을 '독과점'이라고 하는데 정부는 독과점 기업이 서로 짜고 담합해 가격을 올리는 것을 감시하지요.

신문 기사 내용을 초등학생이 쉽게 이해할 수 있도록 친절하게 풀어 썼어요.

직접 문제를 풀어 보면서 기사를 얼마나 잘 이해했는지 확인하고, 필요한 배경지식도 함께 익힐 수 있어요.

사회 교과서에 나오는 꼭 알아야 할 핵심 개념을 설명하고, 논술 공부에 도움이 되도록 기사 주제와 관련된 배경지식까지 설명해 주어요.

등장인물

채수빈

뛰어난 외모로 요미즈 멤버들 중 가장 인기가 많다. 주로 고소희의 시기와 잔소리에 시달리지만 가끔 고소희에게 뼈 있는 직언을 날리기도 한다.

반민초

요미즈 멤버들 중 가장 늦게 합류한 멤버. 이름과 달리 민트 초코를 무척 좋아하여서 머리색도 민초색으로 물들였다.

고소희

요미즈의 리더. 자신이 요미즈에서 외모와 실력이 가장 뛰어나서 리더가 되었다고 굳게 믿고 있다. 학창 시절엔 살짝 방황도 했지만, 요미즈 멤버가 되고부터는 누구보다 열심히 활동한다.

나다까

화려한 생김새와 달리 순수하며 말투 때문에 일본인으로 오해받지만, 사실은 애국심이 강한 인물.

김요미

여기저기 끼어드는 것을 좋아하는 신비로운 인물로, 외계인으로 의심을 받을 만큼 독특한 외모를 지녔다.

김서아

잘 먹고, 잘 노는 신체 건강한 어린이.
왕성한 식욕을 자랑하지만, 편식이 심해 채소는
절대 입에 대지 않는다. 이연우를 짝사랑하고
있어서 이연우가 오여름에게 관심을 보이면
질투가 폭발한다. 오여름을 단짝 친구이자,
평생의 라이벌로 여기고 있다.

오여름

김서아의 짝꿍.
이연우를 마음에 두고 있지만
내색하지 않는다.
잘난 척이 심하고 공주병이 있다.
김서아와 자주 티격태격하지만
둘도 없는 친구이다.

남기남

이것저것 만드는
요미상사의 대표.
요미상사의 세계화를
꿈꾸며 다양한 시도를
해 보지만, 번번이 실패를
겪고 있다.

이연우

김서아와 같은 반 친구.
소심하고 얌전한 성격이다.
오여름을 좋아하지만,
김서아의 눈치를 보느라
마음을 잘 표현하지 못한다.

한소희

요미상사의 직원.
성함이 명함과 비슷한 건
줄 아는 엉뚱함과
백치미를 지녔기만,
언제나 밝고 에너지가
넘쳐서 미워할 수
없는 인물.

김영우

요미상사의 과장.
사고뭉치 한소희의
뒷수습을 하느라
비쁜 인물이다.
훗날 한소희와 결혼해
김서아를 낳는다.

차례

PART 1 경제

PART 2 환경

PART 3 사회

PART 4 문화

PART 5 언론

PART1

경제

#소득과 지출 #화폐와 금융 #기업이 하는 일
#가격의 결정 #유통의 과정 #세금과 사회 보장
#무역과 국제 경제 #부동산 #고용과 실업
#경제 범죄 #국제 경제 기구

소득과 지출

푸키먼빵으로 하루 세 끼

어휘 엿보기

- **임금**(賃金) 근로자가 일한 대가로 받는 돈
- **소득**(所得) 일한 결과로 얻은 돈
- **소비**(消費) 돈을 써서 물건을 사거나 서비스를 이용하는 것
- **월급**(月給) 직장에서 한 달 동안 일한 대가로 매달 정기적으로 지급받는 돈
- **검소**(儉素) 사치하지 않고 돈이나 물건을 아껴 쓰고, 꾸밈없이 소박하게 사는 것

과도한 지출로 가계 위기?

　최근 요미시의 가계 부채가 위험 수준을 넘어서 경제 위기를 초래할 가능성이 크다는 우려가 나오고 있습니다. 가계 부채가 심각하게 늘어난 가장 큰 원인은 각 가정의 소득 대비 지출이 1.5배에 달하기 때문입니다. 요미시의 가계 평균 소득은 월 300만 원이지만, 평균 지출은 월 450만 원에 이르러 과도한 지출로 인해 부채가 빠르게 증가하고 있습니다. 요미시에 거주하는 김영우 씨는 "제 임금에 비해 가족들이 너무 많이 먹어요. 한 달 고정비인 교육비, 거주비 외에도 식비가 차지하는 비중이 상당합니다"라며 "저축하고 싶어도 도저히 엄두가 나지 않는 상황"이라고 밝혔습니다. 요미시 당국은 가계 부채의 위기 해소를 위해 채무 상환 능력이 떨어지는 가구에 대해 대출을 탕감해 주는 방안 등 지원 정책을 검토하고 있습니다.

신문 해설

　생활에 필요한 것을 만들어 내고, 이를 사고팔거나 사용하는 것을 경제 활동이라고 해요. 기업, 가정, 정부가 경제 활동에 참여하지요. 생산은 주로 기업에서 이루어지고, 직업을 가진 노동자는 임금을 받아요. 노동의 대가로 받는 돈을 '임금'이라 하고, 이 중 한 달 동안 일해 받는 임금을 '월급', 1년 동안 받는 임금은 '연봉'이라고 해요. 가정에서는 소득으로 저축하거나 소비하는 방식으로 경제 활동을 해요. 물건을 사거나, 미용실에서 머리를 자르거나, 놀이공원에서 즐거운 시간을 보내는 것 등이 모두 소비 활동이에요.

　이처럼 돈을 내고 물건이나 서비스를 얻는 것을 '소비'라고 해요. 가계가 경제 활동을 원활히 하려면 소득과 소비의 균형이 중요해요. 소비가 소득보다 많으면 가계에 어려움이 생기고, 심하면 부채가 쌓여 위기가 올 수 있답니다.

"월급은 쥐꼬리만 한데 매일 외식하고 놀러 다니면 빚을 질 수밖에 없지. 그런 과도한 소비는 개인의 책임이야. 그런데 그 빚을 탕감해 준다는 건 옳지 않아."

"과도한 소비는 개인의 책임이지만, 물가는 끝없이 오르고 고정비는 늘어만 가는데 임금은 몇 년째 제자리예요. 이런 불평등한 현실까지 개인 탓으로 돌리는 건 부당하죠."

📝 똑똑한 문제와 정리

● 맞으면 ○, 틀리면 ✕ 하세요.

① 정부에서 주로 생산 활동을 한다. ☐

② 경제 활동에 참여하는 세 주체는 정부, 기업, 가정이다. ☐

③ 외식을 하는 건 소비 활동이다. ☐

● 다음 빈칸을 채우세요.

노동의 대가로 받는 돈을 임금이라고 하고, 일 년 동안 일해서 받은 총액을 ☐☐ 이라고 한다

교과서 상식 백과

정부도 경제 활동을 활발하게 해요. 기업이나 국민이 정부에 세금을 내면, 정부는 이 돈을 국민을 위해 사용하지요. 새로운 도로나 다리, 공항, 항만을 건설하거나, 대통령을 비롯한 나랏일을 하는 공무원의 임금으로 쓰이기도 해요. 세금이 쓰이는 곳은 아주 많아요. 군인을 훈련시키고 무기를 사는 데도 쓰이고, 학교를 새로 짓거나 교육 관련 비용을 지원하는 데에도 사용돼요. 정부는 이렇게 개인이 맡기 어렵고, 이익을 추구하는 기업이 감당하기 힘든 공공의 일을 위해 세금을 주로 소비하지요. 정부는 이 외에 시장에 개입해 경제 정책을 조정하기도 해요.

화폐와 금융
그는 왜 수건을 던지지 못했나?

푸키먼빵을 사느라 과도하게 **지출**한 탓에 김서아 가족의 **가계**는 급격하게 기울었어. 서아가 잠든 사이 서아 엄마 한소희가 아빠 김영우에게 푸념했어.

"후유, 이제 허리띠를 꽉 졸라매어야 해요. 옷 살 의복비, 영화 볼 여가비, 서아 수학 학원에 낼 학원비도 다 줄이거나 없애야 할까 봐요."

"그보다 외식비를 줄이는 게 어때요? **엥겔 지수**가 너무 높은 것 같아요."

김영우는 그렇게 말하면서도 서아와 서아 엄마의 폭식을 막을 수 없다는 것을 알고 있었지. 그날 밤, 잠자리에 든 김영우는 결심했어.

'투잡! 직업을 더 가져야겠어. 프로 복싱 선수가 되어 돈을 벌어야지.'

다음 날 김영우는 복싱 체육관에 등록했어. 매일 퇴근 후 5시간씩 연습했고, 아마추어 대회에서 연승한 끝에 1년 후 프로 복서에 도전하게 되었지. 그 사실을 알게 된 한소희가 김영우를 말렸어.

"다치면 안 되니까 그만둬요. 아파트 **대출**때문에 은행에 낼 **이자**가 많긴 하지만……."

"걱정 마요. 우리 서아 학원비를 벌어야죠!"

"그러다 다치면 어떡해요! 서아 영어 학원비가 밀려 있긴 하지만……."

김영우는 사실 겁이 났지만, 결국 가족을 위해 링 위에 올랐어. 경기는 3분 2라운드였지. 김서아와 한소희도 함께 가서 응원했어.

"아빠, 한 방만 노려!"

"여보! 져도 괜찮으니 다치지만 마요!"

김영우는 1라운드 시작과 동시에 불길한 예감이 들었어. 그 예감은 곧 현실이 되었지. 상대 주먹이 안면을 강타하자, 그는 신음을 내며 쓰러졌어.

"으으으윽! 서아 영어 학원비이이이이~"

김영우는 의지의 사나이였어. 일어났다가 또 쓰러지고, 다시 일어나며 1라운드를 마쳤어. 쉬는 시간에 한소희가 다가와 훌쩍이며 말했어.

"엉엉, 그만둬요! 영우 씨 다치는 거 너무 속상하단 말이야."

"그럴까? 그럼 수건 던지고 기권할까요?"

한소희가 흠칫 놀라서 딴전을 피웠어.

"어? 뭐라고요? 시끄러워서 안 들리네."

그때 김영우가 기권을 의미하는 흰 수건을 들고 던지려 했어. 그걸 본 한소희도 수건을 잡았어. 둘은 서로 밀고 당기기 시작했지. 김영우가 수건을 놓지 않자, 한소희가 세컨 트레이너를 보고 있던 남기남에게 외쳤어.

"코치님! 영우 씨가 기권한대요!"

"이런 나약한!"

남기남이 화를 내며 달려오더니, 김영우에게 냅다 주먹을 날렸어. 김영우는 바로 바닥에 쓰러졌시. 김서아 가족의 가계가 케이오 패한 날이었어. ★

높은 이자만 챙기는 은행?

요미은행이 신규 대출에 50%의 이자를 부과해 시민들의 거센 비판을 받고 있습니다. 이는 은행에서 1,000만 원을 빌리면 1년 동안 원금 외에 이자로만 500만 원을 갚아야 한다는 뜻입니다. 게다가 대출 자격 조건까지 까다롭게 만들어 정작 돈이 필요한 서민들에게는 '빛 좋은 개살구'라는 비판이 나오고 있습니다. 금융은 남는 돈을 필요한 곳으로 흐르게 하는 활동이며, 금융 기관은 돈이 필요한 사람과 여유 있는 사람을 연결하는 역할을 맡습니다. 그러나 요미은행은 이러한 금융 기관으로서의 기능을 제대로 수행하지 못하고 있다는 평가와 비판을 동시에 받고 있습니다.

요미24편의점 남기남 사장은 "돈을 빌려 제품을 사려 해도 대출이 잘 되지 않아 편의점이 텅텅 비었다"며 불만을 털어놓았습니다.

👆 **신문 해설**

화폐가 생기기 전에는 물건의 가치를 따져 서로 교환하는 물물교환이 이루어졌어요. 예전에는 소금이나 곡식 같은 물건이 화폐 역할을 했어요. 하지만 이런 물품은 들고 다니거나 보관하기 불편했고, 그래서 화폐가 생겨났어요. 조선 숙종 때 유통된 상평통보는 조선 시대 말까지 쓰인 대표적인 동전이었어요. 금속 화폐가 생긴 뒤에는 종이로 된 지폐도 등장했고, 점점 다양한 형태의 화폐가 만들어졌어요. 수표, 신용 카드, 전자 화폐 등은 신용 화폐라고 부르지요. 이런 화폐를 맡아 주기나 돈을 필요로 하는 사람에게 빌려주는 곳을 금융 기관이라고 하는데, 은행, 보험 회사, 증권 회사 등이 이에 속해요. 은행은 크게 한국은행, 일반 은행, 특수 은행의 세 가지로 나뉘어요. 한국은행은 중앙은행으로, 일반 은행에 돈을 빌려주거나 국가의 금융 정책을 조정해요.

"은행이 너무 높은 이자를 받는 건 문제야. 은행은 돈을 송금할 때도 수수료를 받고, 돈을 인출할 때도 수수료를 받잖아. 그렇게 돈을 많이 버는데, 거기에 이자까지 높게 받으면 안 되지!"

똑똑한 맞대결

"저축한 돈의 이자는 많이 받고 싶어 하면서, 빌린 돈의 이자를 내는 건 아까워하면 안 되죠. 은행이 튼튼해야 우리도 안심할 수 있으니까요. 그런 의미에서 대출 이자를 어느 정도 높게 받는 건 필요하다고 봐요."

 ## 똑똑한 문제와 정리

● 맞으면 ○, 틀리면 ✕ 하세요.

① 오백 원짜리와 만 원짜리는 신용 화폐라고 한다. ☐

② 상평통보는 조선 시대에 유통되던 동전이다. ☐

③ 증권 회사는 금융 기관이 아니다. ☐

● 다음 빈칸을 채우세요.

한국은행이 의뢰하면 동전과 시폐 등을 제조하는 곳은

☐ ☐ ☐ ☐ ☐ ☐ 이다.

교과서 상식 백과

주머니에 지폐가 있다면 꺼내 보세요. 지폐를 자세히 살펴보면 재미있는 사실을 알 수 있어요. 세종대왕이 그려진 오천 원권을 보면 왼쪽 상단에 영문자와 숫자로 된 번호가 적혀 있지요? 이건 지폐마다 붙어 있는 고유한 번호예요. 이를 기번호라고 해요.

한국은행에서 필요한 돈을 한국 조폐 공사에 의뢰하면, 한국 조폐 공사에서 돈을 만들어 다시 한국은행에 전달해요. 이때 만들어진 순서에 따라 돈에 번호를 붙여요. 이 번호를 보면 해당 돈이 언제 만들어졌는지, 이디로 유통되었는지, 또 얼마나 발행되었는지도 알 수 있답니다.

기업이 하는 일
민초 좀비를 탄생시킨 연구원

요미상사는 한때 가공식품 전문 기업이었고, 한소희는 식품연구원으로서 놀라운 업적을 남겼어. 한소희가 만든 **상품**은 나오기만 하면 엄청난 **매출**을 기록했지. 늘 예상을 깨는 기발한 제품을 선보였거든. 찜닭 밀키트만 봐도 그래. 겉으로는 평범해 보였지만, 생닭 대신 달걀이 하나 들어 있었어. 요리 안내서에는 달걀을 품고 기다리라고 적혀 있었어. 고객들은 안내대로 했고, 몇 주 후, 정말로 달걀에서 병아리가 깨어났어. 직접 병아리를 키워 찜닭을 만들어 먹는 방식이었는데, 인기가 폭발적이었지.

비릿한 고등어조림 아이스크림도 엄청난 인기로 일시 품절이 되었어. 아주 커다란 하드 안에 고등어 한 마리가 얼어 있었어. 하드를 다 빨아 먹고 나면 고등어가 드러났고, 그걸 다음 날 튀기거나 조림으로 해 먹을 수 있었지.

어휘 엿보기

- **상품**(商品)
  사고파는 물건
- **매출**(賣出)
  회사나 가게가 일정 기간 동안 물건이나 서비스를 팔아 얻은 총금액
- **기업**(企業)
  돈을 벌기 위해 물건이나 서비스를 만들어서 파는 조직
- **생산**(生産)
  사람이 생활하는 데 필요한 각종 물건을 만들어 내는 일
- **이윤**(利潤)
  가게나 회사가 물건이나 서비스를 팔아서 남는 돈

식품연구원 한소희는 이런 신제품을 개발하기 위해 온종일 음식을 먹었고, 체중이 30킬로그램이나 불었어. 한소희는 건강에 위기를 느껴 신제품 개발에 차츰 게을러졌고, 요미상사는 다시 위기를 맞고 말았어. 남기남 사장이 직원 전체 회의를 소집해서 말했어.

"**기업**은 한시도 **생산**을 멈추면 안 돼. 우리 요미상사의 존립 이유는 **이윤**을 추구하는 데 있지. 자, 누구 새로운 아이디어 없나?"

김영우 과장이 손을 번쩍 들고 말했어.

"요즘 사회에 민초가 이슈입니다. 민트와 초콜릿을 합친 말로 이 맛을 다른 식품에 첨가하면 대단한 이슈가 될 것 같습니다!"

김영우 과장은 말끝마다 '이슈'라는 단어를 사용했어. '이슈'의 뜻을 몰랐던 한소희 대리가 질문했어.

"뭐가 있단 말이에요? 뭐가 있슈?"

남기남 사장이 한소희 대리의 말을 무시하고 말했지.

"헛둘, 헛둘!"

기적의 땀 100%

"좋은 생각이야! 이 일은 한소희 대리가 맡아서 제품을 개발해 보게."

한소희 대리는 다이어트로 뺀 체중을 다시 불리기 시작했어. 온갖 식료품에 민초 첨가물을 넣어 보았지. 그런데 실험을 거듭해도 무언가 맛이 부족해 보였어. 처음으로 한계를 느낀 실험이었고, 한소희 대리는 진땀을 뻘뻘 흘리며 연구에 몰입했어. 어느 날, 이마에서 또르르 떨어진 땀방울이 민초 첨가물에 스며들었어. 그걸 맛본 한소희가 환한 얼굴로 외쳤어.

"끙, 회사를 위해 참아야지."

"유레카! 드디어 찾았어!"

그날 이후, 한소희는 실험실 안에서 제자리 뛰기, 팔굽혀펴기 등을 해서 땀을 모은 다음에 민초 첨가물에 첨가했어. 민초 식료품이 탄생한 역사적인 순간이었어. 한소희의 땀에 민초 좀비 바이러스가 포함된 줄은 아무도 몰랐지.

민초 좀비 바이러스로 온 세상이 난리가 났을 때도 이미 항체를 가진 한소희는 멀쩡했어. 한소희는 아수라장이 된 풍경을 보며 흐뭇하게 웃었어.

"요미상사가 이제 중소기업에서 대기업으로 성장할 거야." ★

요미월드 신문

요미상사는 이윤만 좇는 기업?

최근 요미초등학교에서 집단 식중독이 발생해 교육 당국의 보건 관리에 허점을 드러냈습니다. 이 학교에 다니는 학생들은 급식으로 제공된 점심을 먹은 뒤 구토와 심한 복통을 호소하고 있습니다. 이날 점심은 요미상사가 납품한 민초 비빔밥이었으며, 경찰 조사 결과 과도한 염분과 함께 복통을 유발하는 식품 첨가물이 포함되어 있었던 것으로 드러났습니다. 요미상사 직원은 "감칠맛을 더하기 위해 첨가물을 넣은 것은 사실"이라며 "다만 그 첨가물이 복통을 일으키는지는 알지 못했고, 소비 자들이 선호하는 맛을 내기 위한 조치였다"고 해명했습 니다. 해당 식품을 먹고 복통을 겪은 요미초등학교 김 서아 양은 "아이들의 건강을 해치는 악덕 기업은 세상 에서 사라지면 좋겠어요"라고 울먹이며 말했습니다.

신문 해설

기업은 생산 활동을 통해 이윤을 추구해요. 제품을 만드는 제조업, 식당이나 카페 같은 서비스업, 금융업 등 여러 산업에서 많은 기업이 생산 활동을 하고 있어요. 기업은 규모에 따라 대기업과 중소기업으로 나뉘어 요. 대기업은 자본이 많고 생산 시설 규모가 크며 노동자가 많은 곳이고, 중소기업은 이에 비해 규모가 작은 곳이에요. 개인이 작은 규모로 식당 이나 상점, 제조업을 하는 개인 기업

도 있고, 여러 곳에서 투자를 받아 운영하는 기업도 있어요.

한국전력공사, 한국철도공사, 한 국도로공사 같은 기업은 공기업에 속해요. 공기업이란 국가나 지방 자 치 단체에서 운영하는 기업으로, 국 민의 생활에 필요한 일을 하는 곳이 지요. 이런 공기업은 개인이나 일반 기업이 하기 어려운 국가적인 사업 을 맡거나, 사적인 이익이 아닌 공공 의 이익을 위해 일해요.

"기업이 망하면 아무리 좋은 가치도 지킬 수 없어. 제품을 많이 팔기 위해서는 소비자의 관심을 끌 전략이 필요해. 큰 탈만 안 나면 입맛을 자극하는 식품 첨가물이라도 넣어서 많이 팔리게 해야지."

똑똑한 맞대결

"기업은 정직하게 시장에서 승부해야죠! 소비자의 신뢰는 좋은 제품에서 생겨요. 몸에 해로운 불량품으로 매출을 올리면 결국 신뢰를 잃게 되죠. 그런 행동은 도덕적으로도 잘못된 거예요."

 똑똑한 문제와 정리

● **기업의 종류와 하는 일에 관한 설명으로 맞는 것 두 가지를 고르세요.**

① 대기업은 노동자의 수가 5인 미만이다.
② 한국철도공사는 중소기업에 속한다.
③ 공기업은 국민의 생활에 필요한 사업을 한다.
④ 우리나라에서 생산해 우리나라에서만 판매하는 기업은 다국적 기업이 아니다.

● **다음 빈칸을 채우세요.**

 은

이윤 추구와 함께 가난한 이를 위해 일자리를 제공하거나 지역 사회 등을 위해 일한다.

 **교과서 상식 백과**

기업 중에는 단순히 이윤을 추구하기보다 사회적 목적을 위해 만들어진 곳도 있어요. 가난한 사람들에게 일자리를 제공하거나, 취약한 지역 사회를 돕는 등의 일을 하는 기업을 사회적 기업이라고 해요. 사회적 기업은 이익이 나면 그 이익을 사회적 목적을 위해 다시 투자해요. 다국적 기업은 여러 나라에 공장과 상점, 자회사 등을 두고 세계적인 네트워크를 활용하는 기업이에요. 우리나라 기업 중에도 공장을 해외에 세우거나 여러 나라에 자사 브랜드 상점을 운영하는 곳이 있는데, 이런 기업들이 다국적 기업에 해당해요. 이들은 전 세계 소비자를 대상으로 활발히 활동하고 있어요.

가격의 결정
싼 것 옆에 더 싼 것

과도한 가격 경쟁이 부른 불상사

최근 요미시의 편의점들이 과도한 가격 경쟁으로 폐업 위기에 놓였습니다. 한 달 전 요미24편의점은 인근 ZU편의점보다 파격적인 가격의 상품을 선보이며 경쟁에 불을 붙였습니다. 시중에서 3,000원에 판매되는 푸키먼빵을 절반 가격인 1,500원으로 내렸으며, 2,000원짜리 강냉이 과자는 500원에 판매하고 있습니다. 이 상품들을 포함한 세 가지 세트 상품 가격은 3,000원으로 책정됐습니다. 이에 ZU편의점은 모든 상품을 요미24편의점 상품에 비해 200원 더 저렴하게 판매하기 시작했습니다. 두 편의점을 모두 이용하는 오여름 양은 "두 편의점의 가격을 비교해 더 저렴한 곳을 찾고 있으며, 앞으로 가격이 더 내려가길 기대한다"라고 하며, "두 편의점 사장님들의 얼굴에는 주름이 깊어진 것 같다"고 덧붙였습니다.

신문 해설

상품의 가격은 여러 가지 요소를 고려해 결정돼요. 상품을 만들 때 드는 생산비(재료비, 노동자의 임금 등)와 시장 상황, 브랜드 가치, 품질 등에 따라 가격이 매겨지지요. 상품의 종류마다 결정 과정이 달라지기도 해요. 두부 한 모를 만들 때는 콩을 비롯한 재료비와 인건비, 유통 과정에 따른 비용이 고려되어 가격이 정해지겠지요? 그런데 국산 콩을 사용한 두부는 더 비싼 값에 팔리기도 해요. 일반적인 시장 가격도 고려해요. 두부 한 모를 20,000원에 판다면 소비자는 두부 대신 다른 식품을 선택하게 될 거예요. 소비자가 어떤 상품을 사려고 하는 마음을 '수요'라고 하고, 생산자가 상품을 소비자에게 제공하는 것을 '공급'이라고 해요. 수요가 많으면 생산자는 가격을 높이기도 하지요. 또 농산물의 경우 흉년이 들어 수확량이 줄면 가격이 오르기도 해요.

"가격을 조정하는 건 파는 사람 마음이지. 난 가격을 더 낮춰서 손님들이 우리 편의점만 오게 만들 거야. 그러면 자연스럽게 ZU편의점은 버티지 못하겠지. 난 그때까진 계속 가격을 낮출 생각이야."

똑똑한 **맞대결**

"소비자 입장에서는 상품 가격이 낮아지면 좋지만, 그렇게 경쟁이 심해지면 두 편의점 모두 어려워질 수 있어요. 두 곳이 모두 문을 닫게 되면, 우리는 가까운 곳에서 물건을 살 수 없어 더 불편해질 거예요."

똑똑한 문제와 정리

● **가격의 결정과 관련해 틀린 것 두 가지를 고르세요.**

① 풍년이 들어 사과 수확량이 많으면 사과 값이 떨어진다.
② 가격이 오르면 공급량이 늘어난다.
③ 가격이 오르면 수요량이 늘어난다.
④ 브랜드 가치가 높으면 가격은 낮게 책정된다.

● **다음 빈칸을 채우세요.**

☐☐☐☐☐ 은

시장을 지배하는 하나의 기업 또는

소수의 기업을 일컫는 말이다.

교과서 상식 백과

수요와 공급은 시장에서 가격과 거래량을 결정해요. 수요는 소비자가 일정 시간 안에 구매하고자 하는 상품(재화)의 양을 뜻하고, 공급은 생산자가 일정 시간 안에 생산하려는 상품의 양을 말해요. 이때 가격이 오르면 수요량은 줄고, 가격이 내리면 수요량은 늘어요. 공급은 수요와 반대로 움직여요. 가격이 오르면 공급량이 늘고, 가격이 내리면 공급량은 줄지요. 보통 수요와 공급이 일치하는 지점에서 가격이 결정돼요. 한 기업 또는 소수 기업이 시상의 대부분을 차지하는 것을 '독과점'이라고 하는데 정부는 독과점 기업이 서로 짜서 (담합) 가격을 올리는 것을 감시하지요.

유통의 과정
싱싱한 붕어빵에서 나온 생선 가시

    요미상사를 창업했을 때만 하더라도 남기남 사장의 머리숱은 풍성했어. 요미상사는 가공식품을 제조해서 **유통**하는 회사로 처음 시작되었어.

    "흠, 아무도 만들어내지 못한 상품을 만들어야 해."

    남기남 사장은 새로운 방식으로 붕어빵을 만들어 보기로 했어.

    "진짜 붕어로 만들면 세상이 깜짝 놀랄 거야."

    남기남 사장은 낚싯대를 들고 한겨울 강가로 나갔어. 하얗게 얼어붙은 강 위로 차가운 바람이 매섭게 불어왔어. 몸이 덜덜 떨리고, 손가락이 얼기 시작했지만, 포기하지 않았지.

    다음 날, 남기남 사장은 잡아 온 붕어를 손질했어. 지느러미를 자르고, 비늘을 없앤 후에 배를 갈라서 그 안에 팥소를 넣었어.

재료를 모두 손질한 다음 손수레를 끌고 거리로 나간 남기남 사장은 큰 소리로 외쳤지.

"붕어빵 사세요! 한 번도 먹어 보지 못한 새로운 붕어빵이랍니다!"

남기남 사장이 붕어빵 기계에 붕어를 집어넣고 굽기 시작했어. 얼마 후에 고소한 생선구이 냄새가 거리에 퍼졌어. 그때 첫 손님이 등장했어. 수업을 마치고 집으로 가던 김서아였지.

"붕어빵 세 개 주세요! 얼마예요?"

"내가 고생해서 잡은 거여서 비싸단다. 세 개에 칠천 원!"

어휘 엿보기

- **유통**(流通)
  물건이 만들어진 뒤, 여러 사람의 손을 거쳐 우리 집이나 가게에 도착하기까지 이동하는 과정
- **생산자**(生産者)
  물건이나 서비스를 만들어내는 사람이나 회사
- **도매상인**(都賣商人)
  물건을 대량으로 사들여 동네 슈퍼나 가게 같은 소매상에게 되파는 사람이나 회사
- **소매상인**(小賣商人)
  물건이나 서비스를 도매상이나 생산자로부터 사들여, 소비자에게 직접 파는 사람이나 가게
- **소비자**(消費者)
  물건이나 서비스를 사서 실제로 사용하는 사람

김서아가 큰마음 먹고 돈을 내고 붕어빵을 받아들더니 하나를 꺼내 덥석 물고 씹은 뒤 꿀꺽 삼켰어. 그러더니 갑자기 외마디 비명을 질렀지.

"악! 컥컥! 가시가 목에 걸렸어요. 이게 뭐예요! 돈 다시 돌려줘요."

그걸 본 다른 손님들이 붕어빵을 사려다가 슬금슬금 발걸음을 돌렸어. 남기남 사장은 그 모습을 보면서 깊게 반성했어.

"제품을 제대로 만들려면, 만들고 파는 것을 혼자 해선 안 돼."

남기남 사장은 자신이 **생산자**가 되어 붕어빵 밀키트를 만들기로 결심했어. 밤에는 강에서 붕어를 낚고, 낮에는 손질해 팥소를 넣은 뒤 포장해서 **도매상인**에게 넘겼지. 도매상인은 이 밀키트를 **소매상인**에게 넘겼고, 유통을 거치며 '진짜 물고기 붕어빵' 가격은 계속 올랐어. 결국 동네 마트에 진열되어 **소비자**를 만나게 된 붕어빵 밀키트는, 하나에 2만 원이 될 정도로 비싸졌지.

진짜 붕고기 붕어빵은 놀라운 아이디어로 탄생한 획기적인 상품이었지만, 단 하나도 팔리지 않는 더 놀라운 판매 기록을 남겼어. 가을날 바람에 떨어지는 낙엽처럼, 남기남 사장의 머리카락도 하나씩 빠지기 시작한 때였지. ★

유통 과정의 문제로 물가 치솟아!

최근 요미시의 물가가 폭등하면서 시민들의 장바구니가 가벼워지고 있습니다. 대파 한 단에 8,000원, 쌀 4kg에 70,000원 등 높은 물가로 인해 소비자들은 최소한의 소비만 하고 있습니다. 요미시에 거주하는 이연우 군은 "새로 나온 물고기 붕어빵을 사려다가 높은 가격 때문에 포기했다"며 "붕어빵을 마음대로 사 먹을 수 있는 세상이 되기를 바란다"고 말했습니다. 그런데 최근 물가 상승의 주요 원인이 유통 과정의 문제라는 지적이 나오고 있습니다. 도매상에서 소매상을 거치는 중간 유통 단계에서 마진을 과도하게 챙기면서 소비자 가격이 폭등했다는 분석입니다. 요미시 행정 당국은 높은 물가를 잡기 위해 생산자가 직접 소비자에게 상품을 판매할 수 있는 새로운 유통 체계를 마련할 방침이라고 밝혔습니다.

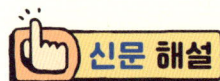
신문 해설

상품이 생산되어 소비자에게 전달되는 과정을 유통이라고 해요. 상품은 여러 지역에서 만들어지기 때문에 소비자가 직접 상품을 사러 가려면 시간과 비용이 많이 들고 불편해요. 김치찌개 재료를 사기 위해 제주도로 가서 돼지고기를 사고, 충청도로 가서 파와 마늘을 사고, 강원도로 가서 김치를 산다고 생각해 보세요. 김치찌개 하나 끓이는 데 어마어마한 돈과 시간이 들겠지요? 그래서 도매상인이 대규모로 상품을 사서 이를 소매상인에게 팔면 소매상인이 다시 소비사에게 파는 과정을 거쳐요. 이 과정에서 상품 가격도 점점 올라가요. 소비자가 직접 방문해서 상품을 사는 곳으로는 재래시장, 백화점, 대형마트, 편의점 등이 있고, 이들은 모두 소매업에 속해요. 최근에는 인터넷이나 전화 주문 후 택배로 받는 통신 판매도 많이 이용하게 되었어요.

"중간 유통 과정은 모두 없애 버려야 해요. 유통 경로가 복잡해지면, 결국 상품의 가격이 오를 수밖에 없거든요. 앞으로는 어떤 상품이든 만든 곳에서 바로 살 수 있어야 해요."

똑똑한 맞대결

"하나만 알고 둘은 모르는 소리야. 그러면 오히려 소비자가 더 불편해져. 유통 과정이 있는 건 소비자에게 편리한 점도 있기 때문이야. 복잡한 유통 과정에서 생기는 문제만 개선하면 되는 거라고."

똑똑한 문제와 정리

● 맞으면 ○, 틀리면 X 하세요.

① 물가가 오르고 내리는 것은 유통 과정과 관계가 없다. ☐

② 보통 상품을 생산하면 소매상인, 도매상인, 소비자의 순서로 상품이 전달된다. ☐

③ 편의점은 소매업에 속한다. ☐

● 다음 빈칸을 채우세요.

전화나 인터넷으로 상품을 주문하면 우편으로 물건을 배달해 주는 판매 방식을 ☐☐☐☐ 라고 한다.

교과서 상식 백과

요즘엔 인터넷으로 물건을 사는 사람이 많지요? 인터넷에서 파는 상품은 대체로 값이 더 저렴해요. 농산물이나 해산물도 생산자가 직접 인터넷으로 판매하기도 해요. 생산자는 주문이 들어오면 수확한 농산물을 바로 포장해 보내지요. 이런 경우 복잡한 유통 단계를 거치지 않기 때문에 생산자는 더 높은 가격을 받고, 소비자는 더 싸게 살 수 있어요. 다른 상품들도 인터넷 쇼핑몰에서 사면 보통 더 저렴해요. 오프라인 매장을 운영하지 않기 때문이에요. 오프라인 매장을 운영하는 데 드는 인건비와 임대료, 시설비 등을 아낄 수 있어서 더 저렴한 가격에 상품을 팔 수 있는 거지요.

세금과 사회 보장
재난을 맞은 가장의 무게

요미시에 큰 지진이 일어났을 때였어. 한소희는 가장 아끼는 작은 화분인 쪼꼬미를 들고 남편 김영우와 대피소로 갔다가 더 소중한 것을 깜빡했다는 사실을 알게 되었어.

"어머, 우리 서아를 집에 두고 왔어요. 우리 딸, 서아야!"

김영우도 화들짝 놀라서 소리쳤어.

"앗! 서아가 겁먹었을 거예요. 어서 가 봅시다!"

한소희와 김영우는 허겁지겁 집으로 달려갔어. 집으로 가는 길에 건물이 무너지고 다리가 끊어진 게 보였어. 도로는 뒤틀리고 파괴되어 있었지. 김영우가 집으로 뛰어 들어가서 서아 방문을 벌컥 열었어. 놀라운 일이었어. 서아는 아무것도 모른 채 여전히 곤히 자고 있었던 거야.

"서아야, 어서 일어나!"

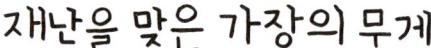

서아가 눈을 비비며 일어나서 아빠에게 말했어.

"아, 배고파! 치킨 좀 시켜 줘요."

치킨이 배달될 리가 없었지. 그날은 요미시에 참 끔찍한 재난이 닥친 날이었거든. 그런데 김서아 가정에는 또 다른 재난이 기다리고 있었어. 다음 날, 요미시에서 가정마다 어마어마한 **세금**을 부과한다는 공지가 나온 거야. 김영우가 고개를 끄덕이며 말했어.

"**직접세**도 오르고, **간접세**도 오르겠군. 끊어진 다리도 다시 잇고, 도로도 새로 깔려면 나라에 돈이 많이 들어서 세금을 걷는 모양이네요."

한소희가 소중하게 여기는 화분을 바라보며 투덜거렸어.

"어휴, 허리띠를 졸라매어야 하나! 쪼꼬미도 내다 팔아야겠어요. 그런데 세금을 왕창 걷어서 우리한테 돌아오는 게 뭐가 있죠?"

"국가나 지방 자치 단체에서 세금을 걷으면 우리 안전과 편리를 위해 쓰일 거예요. 사회에서 소외된 사람을 위해 쓰기도 하고, 여러 **사회 보장 제도**로 운영되기도 하잖아요. 지금은 비상 상황이니 더 협조해 줘야죠."

며칠 후 한소희는 김서아와 함께 찬거리를 사기 위해 동네 마트에 갔어.

"서아야, 비싼 건 참아야 해. 딱 하나만 사서 저녁으로 먹자!"

그때 새로 나온 진짜 물고기로 만든 붕어빵 밀키트가 눈에 띄었어. 한소희는 침을 꼴깍 삼키며 하나를 집어 들었지. 그런데 가격을 보고 깜짝 놀랐어.

"붕어빵 한 마리에 2만 원이라고? 왜 이렇게 비싸?"

그때 김시아가 엄마 손에서 붕어빵을 빼앗아 진열대에 다시 올려놓았어.

"엄마, 이거 맛없어. 가시도 목에 걸린단 말이야."

결국 요미상사의 붕어빵은 맛 때문에 실패한 거였지. ★

관광세 부과, 득일까 실일까?

최근 요미시의 관광세 부과를 둘러싸고 논란이 일고 있습니다. 요미시는 앞으로 요미시를 방문하는 관광객에게 관광세를 부과하겠다고 밝혔습니다. 요미시에 진입할 때 57,000원을 내도록 하겠다는 입장입니다. 요미시는 대지진 이후 주요 도시 시설이 파괴되었고, 이를 복구하기 위한 예산을 책정했지만, 턱없이 부족한 상황입니다. 그런데 파괴된 도시를 보기 위해 관광객이 몰리면서, 쓰레기 문제 등으로 오히려 환경이 더 오염되었다는 설명입니다. 이에 요미시는 관광객에게 관광세를 부과하고, 이렇게 거둔 세금을 파괴된 도시의 시설과 환경을 복원하는 데 필요한 재원으로 사용하겠다는 방침입니다. 하지만 관광객들 중 상당수가 "요미시 여행 계획을 다시 고려해 보겠다"며 난색을 보이고 있습니다.

🖑 신문 해설

세금은 크게 국세와 지방세로 나뉘어요. 국세는 나라와 국민 전체를 위해 쓰이고, 지방세는 지방 자치 단체의 살림과 지역 주민을 위해 쓰이지요. 또 세금은 누가 내느냐에 따라 직접세와 간접세로 나눠요.

직접세는 세금을 내야 하는 사람이 직접 내는 것을 말해요. 국세에 해당하는 소득세, 상속세 등과 지방세에 해당하는 주민세, 자동차세 등이 여기에 속해요. 자동차를 소유하고 있으면 매년 두 차례 자동차세를 내야 하지요. 간접세는 세금을 부담하는 사람과 세금을 실제로 납부하는 사람이 다른 것을 말해요. 부가 가치세, 담배 소비세 등이 있어요. 주유소에서 기름을 넣을 때도 기름값 외에 10%의 부가 가치세와 교통세 등 여러 간접세가 포함돼 있어요. 기름을 넣는 고객이 세금을 내지만, 주유소 사장은 자신이 번 돈에서 다시 세금을 낸답니다.

"세금을 부과할 때는 분명한 이유가 있어야 해요. 관광세는 그 목적이 뚜렷해서 좋은 세금 같아요. 관광세로 요미시를 청소하는 데 필요한 비용을 마련할 수 있으니까요. 적극 찬성해요."

똑똑한 **맞대결**

"의도는 좋지만 실효성이 낮을 것 같아요. 요미시에 오는 관광객들은 자연 경관이나 국가유산을 보러 오는 게 아니니까요. 관광세를 부과하면 오히려 사람들이 찾지 않아 지역 경제에도 좋지 않을 거예요."

 똑똑한 문제와 정리

● 세금과 사회 보장 제도에 관한 설명으로 틀린 것 두 가지를 고르세요.

① 고용 보험은 대표적인 사회 보장 제도이다.
② 주유소에서 넣는 기름의 가격에는 간접세가 포함되어 있다.
③ 건강 보험은 국민 중 일부만 혜택을 받을 수 있다.
④ 지방세는 군인들의 임금과 무기를 사는 데 쓰인다.

● 다음 빈칸을 채우세요.

☐☐☐☐☐☐는 국가가 가난하거나 스스로 자립하기 힘든 소외된 이들을 위해 도움을 주는 제도이다.

교과서 상식 백과

국가에서 걷은 세금은 예산을 짜서 국방비, 교육비, 복지비 등에 사용돼요. 이 중에는 가난하거나 스스로 직업을 얻기 힘든 사람들을 돕기 위해 쓰이는 돈도 있어요. 고아원과 양로원을 짓고, 가난한 환자에게 의료 지원을 해 주기도 하지요. 이런 걸 '사회 보장 제도'라고 해요. 국가는 사회 보장 제도의 하나로 '사회 보험'을 운영하고 있어요. 사회 보험에는 산업 재해 보험, 건강 보험, 국민 연금, 고용 보험이 있지요. 건강 보험은 모든 국민에게 의료 혜택을 주기 위한 보험이고, 고용 보험은 실직했을 때 재취업을 준비할 수 있도록 해 주는 보험이지요.

무역과 국제 경제

로봇 K를 수출하는 날

무역 수지, 사상 최대 적자 기록!

요미시의 주요 기업인 요미상사가 개발한 로봇 K의 수출이 제품 결함으로 난항을 겪고 있습니다. 요미상사는 비교적 저렴한 철강으로 로봇 K를 제작했는데, 로봇 K를 선적해 출항한 배가 그 무게를 견디지 못하고 침몰했습니다. 이로 인해 요미시의 수출은 지난해보다 크게 감소했습니다. 국제 경기가 둔화되고 환율이 급등하면서 수출이 늘어도 이익을 내기 어려웠고, 계약 취소 사례도 잇따르고 있습니다. 반면 수입량은 급격히 늘고 있습니다. 제품 생산에 필요한 원자재부터 각종 소비재의 수입이 크게 늘어나 수출입 균형이 무너졌으며, 무역 수지가 사상 최대 적자를 기록할 것으로 보입니다. 요미상사 남기남 대표는 "제품을 새로 제작해 수출 전선에 다시 나설 것"이라고 밝혔습니다.

신문 해설

나라와 나라 사이에 천연자원이나 상품을 서로 사고파는 것을 무역이라고 해요. 상품뿐 아니라 기술, 자본, 서비스, 노동력 등을 사고파는 것도 무역에 포함되지요. 이때 우리나라에서 다른 나라로 이런 상품이나 기술을 파는 것을 수출이라고 해요. 반대로 다른 나라에서 기술이나 상품, 천연자원 등을 사오는 것은 수입이라고 하지요. 우리나라는 수출을 많이 하는 나라예요. 부족한 천연자원을 많이 수입하는 대신 반도체, 선박, 자동차, 무선 통신 기기 등을 많이 수출해요. 1970년대만 하더라도 의류, 신발, 가발 같은 경공업 제품을 주로 수출했지만, 기술력이 쌓이면서 자동차, 선박 같은 중공업 제품뿐 아니라 전자 제품, 휴대 전화, 반도체 등 첨단 산업 제품도 많이 만들어 수출하고 있어요. 지금은 세계 10위권 안에 드는 무역 강대국이 되었답니다.

"수출은 무조건 많이 해야 해. 우리나라에서 만든 제품을 다른 나라에 팔면 돈이 들어와서 나라가 더 부자가 되거든. 그런데 수입을 많이 하면 돈이 나가니까 좋지 않아. 그러니 수입은 줄이고 수출을 늘려야 돼."

똑똑한 맞대결

"아니야. 어느 나라든 필요한 게 있어. 아랍의 여러 나라는 석유 같은 천연자원을 많이 수출하지만, 제조업이 발달하지 않아서 전자 제품 같은 건 많이 수입하잖아. 결국 수출과 수입이 균형을 이뤄야 해."

똑똑한 문제와 정리

● 맞으면 ◯, 틀리면 ✕ 하세요.

① 우리나라는 주로 천연자원을 수출한다. ☐

② 의류, 신발, 가발 등을 만드는 공업을 중공업이라고 한다. ☐

③ 외국에서 수입되는 상품에 매기는 세금을 관세라고 한다. ☐

● 다음 빈칸을 채우세요.

개인이나 기업이 국가의 간섭을 받지 않고 자유롭게 다른 나라와 무역을 하는 것을 ☐☐☐☐ 이라고 한다.

교과서 상식 백과

개인이나 기업이 정부의 간섭 없이 다른 나라와 자유롭게 무역하는 것을 자유 무역이라고 해요. 국가가 무역에 개입하지 않아 기업은 무역을 통해 성장할 수 있지요. 반면, 국가가 무역에 개입해 간섭하는 것을 보호 무역이라고 해요. 자유 무역에는 여러 장점이 있지만, 때로는 부작용이 생기기도 해요. 이때 보호 무역 정책을 쓰기도 하지요. 예를 들어, 다른 나라의 질 좋은 농산물이 많이 들어오면 자국의 농산물이 팔리지 않아 농민들이 피해를 볼 수 있어요. 이때 국가가 개입해서 수입을 제한하거나, 수입품에 높은 관세를 매겨 소비자들이 자국의 상품을 더 많이 선택하도록 하기도 해요.

부동산
이사는 보통 일이 아니야

　재난이 발생한 후, 김서아 가족에게 닥친 또 다른 문제는 집 문제였어. 김서아 가족은 **전세**로 살고 있었는데 **임대인** 남기남 씨가 전세금을 올려달라고 한 거야. 지진으로 건물들이 무너지자, **부동산** 가격이 크게 올랐지.

　당장 큰돈을 마련할 수 없었던 김서아네는 가진 돈으로 이사 할 수 있는 집을 찾아 보기로 했어. 김영우가 부동산 사무실에 전화를 걸어 물어보았지.

　"이 돈으로 구할 수 있는 집이 있을까요?"

　공인 중개사가 반가운 목소리로 대답했어.

　"그럼요! 아주 전망 좋은 집이 있어요!"

　김서아 가족은 부푼 마음으로 집을 보러 갔어. 고개를 들어 올려다보니 어마어마하게 높은 아파트였어.

　김서아 가족은 1층으로 가 엘리베이터 단추를 눌렀지만 작동하지 않았어.

공인 중개사가 방긋 웃으며 말했어.

"하하하, 계단으로 올라가시죠. 운동도 되고 얼마나 좋습니까?"

김서아 가족은 계단으로 올라갔어. 77층까지 올라갔을 때 한소희가 버럭 화를 내었어.

"아이고, 다리야! 이런 집에 누가 살아요!"

김서아 가족은 집으로 되돌아갔어. 며칠 후, 공인 중개사가 전화했어.

"이번 집은 마음에 들 거예요. 아파트 1층이랍니다."

김서아 가족은 바로 달려가 보았어. 멀리서 볼 땐 외관이 멀쩡해 보였어. 그런데 도착해 보니 현관문이 없었어. 공인 중개사가 멋쩍어하며 웃었어.

"하하하, 통풍이 끝내주죠. 바람이 시원하게 들어온답니다."

창문은 전부 깨져 있었고, 수돗물도 나오지 않았지.

"하하하! 매일 씻을 필요가 있나요!"

김영우가 한소희를 바라보며 울상을 지었어.

"아무리 싸다 해도, 이런 집에서 살 순 없어요. 돌아갑시다."

그 후로도 공인 중개사가 추천한 집들은 모두 살 만한 곳이 아니었어.

'저축을 많이 해서 현금 같은 **동산**을 많이 가져야 했어.'

김영우는 걱정으로 밤새 뒤척이다가 결국 한숨도 못 잔 채 다음 날 출근하게 되었지. 그런데 집을 막 나서는데 임대인 남기남이 갑자기 부르지 뭐야.

"사정이 딱해 보이니 이번엔 전세금을 올리지 않겠소."

남기남은 김서아 가족이 안쓰러웠던 거야.

"정말요? 이 은혜는 반드시 갚을게요!"

훗날, 김영우가 남기남 사장의 요미상사에 취업해서 평생 일하게 된 계기가 된 날이었지. ★

부동산 투기를 막는 정책 발표

　최근 정부가 부동산 안정화 대책을 발표해 논란이 일고 있습니다. 정부는 아파트 등 주택 구입을 위한 대출 조건을 한층 강화해 가계 부채를 관리하겠다고 밝혔습니다. 또 한 개인이 주택을 여러 채 보유한 경우 세금을 더 높게 부과하고, 무분별한 재건축과 재개발을 제한해 부동산 시장의 과열을 막겠다는 방침도 내놨습니다. 요미시의 한 아파트에 전세로 살고 있는 한소희 씨는 "부동산 가격은 다소 안정될 수 있겠지만, 우리 같은 서민은 대출 규제가 너무 엄격해 여전히 내 집 마련이 어려울 것 같다"며 한탄했습니다. 반면 요미시에 75채의 주택을 보유한 남기남 씨는 "투기 목적이 아닌데 세금을 많이 부과하는 건 너무하다"면서 "부동산 가격이 떨어질 것이므로 집을 팔 수도 없게 됐다"고 비판했습니다.

신문 해설

　우리나라에 산적한 여러 사회 문제 중 가장 해결이 어렵다고 꼽히는 것이 바로 부동산 문제예요. 부동산은 토지나 건물처럼 움직여 옮길 수 없는 재산을 뜻하며, 동산의 반대말이에요. 집을 구매해 안정적으로 살고 싶은 사람들은 급격히 오르는 부동산 가격을 비판하고, 반대로 이미 부동산을 보유한 사람들은 투자 자산으로서의 가치를 중시해 가격 하락을 걱정하지요. 집을 마련하려고 무리해서 대출을 받았다가 가계 위기에 빠지는 일도 있어요.

　부동산 문제를 해결하려면 재산을 늘리는 수단을 부동산이 아닌 주식 등 다른 자산으로 돌릴 필요가 있다는 지적이 있어요. 또 거주 환경이 쾌적하고 저렴한 공공 주택을 대대적으로 공급하거나, 국가가 앞장서 장기 임대 형태의 주거를 확대해야 한다는 의견도 꾸준히 제기되고 있답니다.

"부동산 가격은 확 내려야 해요. 집을 여러 채 갖고 있는 사람에겐 세금을 어마어마하게 내게 해서 싼 가격에 집을 내놓게 해야 하고요. 그래야 우리 같은 서민도 집을 살 수 있지요."

"부동산 가격은 더 올라야 해! 자본주의 사회에서 집을 많이 가진 걸 비난하면 안 되지. 난 평생을 열심히 일해서 많은 부동산을 갖게 된 거라고. 그런데 이제 와서 세금을 많이 내라니 불공평해!"

똑똑한 문제와 정리

● **부동산과 주식에 관한 설명으로 틀린 것 두 가지를 고르세요.**

① 부동산을 사고팔 때나 보유하고 있으면 세금을 낸다.

② 주식회사는 이익을 얻으면 주주에게 이윤을 나누어 준다.

③ 주식회사의 주주는 한 명이다.

④ 주식은 편의점에선 살 수 없고 백화점이나 대형 마트에 가서 살 수 있다.

● **다음 빈칸을 채우세요.**

□□□ 는 안정적인 대기업 중심의 주식 시장이에요.

교과서 상식 백과

주식회사는 주식을 발행해 만든 기업이에요. 이때 주식을 사서 돈을 투자한 사람을 '주주'라고 하지요. 한 기업의 주주가 된다는 것은 그 기업의 일부를 소유하는 셈이에요. 이때 그 회사의 주식을 많이 산 사람은 적게 산 사람에 비해 그 회사에 더 큰 발언권을 가질 수 있어요. 회사가 이익을 얻으면 주주들에게 이윤을 나누어 주는데, 보유한 주식 양에 비례해서 나누어 줘요. 주식을 많이 가진 사람은 더 많은 이윤을 받을 수 있는 거예요. 주식은 주식 시장에서 거래되는데, 우리나라에는 대기업 중심의 코스피(KOSPI)와 중소형 성장주 중심의 코스닥(KOSDAQ)이 있지요.

고용과 실업
요미상사의 우수한 첫 직원

 엎친 데 덮친 격이라고 김서아 가족의 위기는 더 심해졌어. 김영우가 **실직** 하게 된 거야. 김영우는 가족들에게 선뜻 말하지 못하고 끙끙 앓기만 했어. 그러다가 얼마 후, 다시 **재취업** 활동을 하기 시작했지.
 "이러고 있을 순 없어. 가족을 위해 꼭 취업해야 해."
 김영우는 여러 회사에 이력서를 내고 면접 제의가 오기를 기다렸어. 하지 만 요미시의 경기가 좋지 않았고, **실업률**이 치솟아서 일자리를 구하는 것은 쉽지 않은 일이었어.
 첫 번째 면접 제의가 온 곳은 미용실이었어. 헤어 디자이너를 구하는데 초보 자여도 상관없다고 했지. 미용실 사장은 김영우를 보고 당장 하루 일해 보라 고 했어. 김영우는 난생처음 가위를 들고 첫 손님을 맞았어.

'예쁘게만 자르면 될 거야.'

하지만 제대로 될 리가 없었지. 가위질은 서툴렀고, 머리가 삐죽삐죽 엉망이 되어 버렸어. 손님이 잠에서 깨어 거울을 보더니 깜짝 놀라며 화를 내기 시작했지.

"이게 무슨 스타일이므니까!"

손님은 일본 사람 같았고, 김영우의 첫 손님이자 마지막 손님이 되었지. 그다음은 편의점에 취업했어. 편의점에서 야간 근무를

하게 된 김영우는 헛것을 본 줄 알았어. 편의점에 있는 과자와 음료수들이 서로 싸우는 걸 보게 된 거야. 빨간 캔 음료인 닥터 파파가 먼저 말했어.

"난 저 멀리 미국에서 건너온 음료야. 잘 팔리진 않지만 무시하지 말라고!"

"어쩌라고! 나가 해골까지 시원해지는 솔솔의 잎이여! 목욕탕에서 인기 있는 거 알지? 내 앞에서 얼쩡거리지 말고 저 구석으로 들어가!"

솔솔의 잎이 외치자 옆에 있던 뽀얀색 음료인 해의 쌀이 뒤로 물러섰어.

"좋겠다! 난 쌀뜨물 같다고 아무도 찾지 않아."

김영우는 밤새 뜬눈으로 지새우고 다음 날 편의점 사장에게 일을 그만두겠다고 말했어.

그러던 어느 날, 다시 면접 제의를 받았어.

"네? 요미상사라고요?"

면접 날, 김영우는 말끔하게 차려입고 요미상사의 사장을 만나러 갔어.

그런데 그곳에 집주인인 남기남 씨가 앉아 있었지.

"앗! 당신이 요미상사의 대표이신가요?"

"그렇다네. 난 요미상사를 세계적인 기업으로 키운다는 원대한 꿈을 가지고 있지. 당신을 **고용**하겠소. 어때, 같이 일해 볼 텐가?"

김영우가 요미상사의 첫 직원이 된 날이었어. ★

실직은 개인의 탓?

올해 상반기 요미시의 실업률이 사상 최대치를 기록했습니다. 경기 둔화가 이어지면서 제조업뿐 아니라 서비스업 등 여러 분야에서 기업들의 폐업 사례가 늘고 있으며, 이로 인해 고용 상황이 어려워진 기업들은 신규 채용을 중단하고 있습니다. 취업 시장에 나선 요미시 거주자 김영우 씨는 "재취업을 위해 정말 열심히 노력하고 있다"며 "영어 공부와 체력 단련을 통해 경쟁력을 쌓고 있지만, 이력서를 100곳에 내도 면접 제의조차 받지 못했다"라고 하소연했습니다. 이를 단순히 경기 탓으로만 돌려서는 안 된다는 지적도 있습니다. 요미상사 남기남 대표는 "준비가 부족한 취업생이 너무 많다. 자신의 능력을 키우지 않고 경기나 정책만 탓해서는 안 된다"고 말하며, "스스로 경쟁력을 키우려는 노력이 필요하다"고 강조했습니다.

👆 신문 해설

'고용'은 노동자가 고용주에게 노무를 제공하고, 고용주가 그 대가로 보수를 지급하기로 약속하는 계약 관계를 말해요. 반면 고용 상태가 아닌 것을 '실직' 또는 '실업'이라고 하지요. 한 국가의 경제가 건강하려면 안정된 고용이 많아지고 실업률이 낮아야 해요. 안정된 고용이란 노동 조건과 임금 등 노동 환경이 보장된 상태를 뜻해요. 반면에 비정규직이 많고 고용이 불안한 사회는 안정된 고용이 이루어졌다고 보기 어려워요. 경제가 호황인지 불황인지를 따지는 것을 '경기'라고 하는데 불황에 접어들면 실업률은 높아질 수밖에 없어요. 일하려 해도 일할 수 있는 곳이 부족하기 때문이에요. 최근에는 청년 실업률이 높아 사회 문제로 떠오르고 있어요. 한창 일할 나이인 15세부터 29세까지의 청년들의 실업률이 높으면 경제적으로 큰 손실이지요.

"취업이 안 되는 건 결국 개인 탓이야! 아무리 취업이 어려워도 능력이 있고 준비된 사람은 다 성공하지. 나 때는 말이야, 힘든 일도 서로 하려고 했어. 요즘은 편한 일만 하려고 하니 취업률이 낮은 거야."

똑똑한 **맞대결**

"청년 실업률이 높은 건 청년들 탓이 아니죠. 요즘 청년들이 얼마나 노력하는지 알아요? 취업을 위해 시간을 쪼개 준비하고 있어요. 그런데도 경기가 나쁘고 일자리가 줄어드니, 취업이 어려운 거라고요."

똑똑한 문제와 정리

● 맞으면 ○, 틀리면 ✕ 하세요.

① 경제 상황이 좋으면 실업률이 높아진다. ☐

② 노동자가 고용주에게 노무를 제공하고 그 대가로 보수를 지급받는 계약을 고용이라고 한다. ☐

③ 정규직 대신 비정규직의 비율이 높으면 고용 상태가 안정적이 된다. ☐

● 다음 빈칸을 채우세요.

소자본으로 새로운 아이디어를 가시고

사업에 도전하는 기업을

☐ ☐ ☐ ☐ 이라고 한다.

교과서 상식 백과

실업률이 높을 때는 창업에 나서는 사람도 많아져요. 사업을 처음 시작하는 것을 '창업'이라고 해요. 창업은 만 19세가 넘으면 누구나 할 수 있어요. 창업하려면 우선 자본이 필요해요. 또 어떤 사업을 할지도 생각해야겠지요. 이런 생각을 '사업 아이디어'라고 해요.

이 밖에 사업에 필요한 회계나 인력 자원에 대한 계획도 세워야 해요. 새로운 기술과 아이디어로 도전하는 회사를 '벤처 기업'이라고 하며, 도전 정신이 강한 청년들은 새롭게 벤처 기업을 창업하기도 해요. 벤처 기업은 규모가 작기 때문에 적은 자본으로 시삭할 수 있고, 창의적인 아이디어만 있으면 누구나 도전할 수 있지요.

경제 범죄

보이스 피싱범의 정체

엄마, 나 8만 원이 필요해. 불러 주는 계좌로 돈 좀 보내 줘! 안 그러면 나 어떻게 될지 몰라!

헉! 우리 딸, 무슨 일이니?

흥, **보이스 피싱**범아, 내가 속을 줄 알고?

딸 서아

어림없지!

보이스 피싱 전화가 왔다고요?

네네, 조심해요.

좋은 생각이 떠올랐어! 전화 끊고 중요한 이야기 좀 하세.

알았어. 걱정 마...

이걸 개발하려 하지. 그런데 돈이 부족해서 주식회사로 만들어서 주식을 부풀리려고 해.

어떻게요?

세계적인 기업가 알롱 마스크와 손잡는다고 발표해 버리지 뭐!

안 돼요!

그 사람 모르잖아요. 그런 허위 사실로 주가를 올리면 **주가 조작**이 돼요.

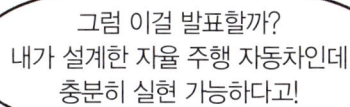

캄보디아는 경제 범죄 사각지대?

최근 캄보디아에서 한국인을 상대로 한 흉악한 범죄가 빈번하게 발생하고 있습니다. 캄보디아의 범죄 단지에서는 한국인을 비롯한 여러 아시아 국가의 국민을 납치해 범죄에 이용하고, 이 과정에서 고문과 폭행 등을 일삼고 있다고 합니다. 이 범죄 조직은 인신매매, 보이스 피싱 등의 온라인 사기 같은 경제 범죄를 저지르고 있어서 국제 사회의 공조를 통한 대책 마련이 시급해 보입니다. 요미시의 한소희 씨는 "내 지인도 캄보디아로 납치된 것 같다"며 "자신의 판단 착오로 그런 범죄 조직에 연루된 것이므로 지인이 불쌍하긴 해도 어쩔 수 없다"는 반응을 보였습니다. 이에 대해 김영우 씨는 "경제적 어려움에 처한 이들이 현혹당해 범죄 조직에 가담하는 면이 있으므로 정부 차원에서 예방해야 한다"고 말했습니다.

신문 해설

경제 범죄는 경제 질서에 어긋나는 여러 가지 행위를 말해요. 누군가를 속여서 돈을 빼앗는 사기, 기업이나 공공 기관의 돈을 자신의 돈처럼 쓰는 횡령과 배임, 신고하지 않고 재산을 다른 나라로 빼돌리는 재산 국외 도피 등이 모두 대표적인 경제 범죄에 해당해요. 최근 사회 문제가 되고 있는 보이스 피싱이나 이런 범죄에 자신의 계좌를 빌려주는 행위도 마찬가지지요.

캄보디아가 경제 범죄의 중심지로 인식된 것은 비교적 최근의 일이에요. 온라인 경제가 빌달하면서 온라인 사기가 급증했고, 범죄 조직들은 멀리 떨어진 곳에서도 다른 나라 시민들에게 직접 피해를 끼칠 수 있게 되었지요. 이런 범죄에 이용되거나 피해를 당하지 않으려면 온라인 도박 등을 멀리하고, 어릴 때부터 올바른 경제 관념과 윤리적 책임감을 갖는 것이 중요하답니다.

"캄보디아에 가서 경제 범죄에 휘말려 피해를 입는 건 결국 자기 책임이야. 나는 그런 일에 절대 휘말리지 않을 거야. 오히려 내가 캄보디아에 간다면 돈도 벌고, 무사히 돌아올 자신이 있어."

똑똑한 맞대결

"피해자들만 탓해서는 안 돼요. 범죄 가담 사실을 알고 간 이도 있지만, 고수익을 약속받고 속아서 간 사람도 많잖아요. 결국 쉽게 돈을 벌 수 없다는 사실을 깨닫는 게 더 중요해요."

 똑똑한 문제와 정리

● **경제 범죄와 관련해 틀린 것 두 가지를 고르세요.**

① 최근에는 온라인 사기 등의 온라인을 이용한 경제 범죄가 늘고 있다.
② 재산을 몰래 다른 나라로 빼돌리는 것은 중대한 경제 범죄이다.
③ 남을 때리는 폭력은 경제 범죄이다.
④ 경제 범죄는 대단한 범죄가 아니어서 처벌 수준이 낮다.

● **다음 빈칸을 채우세요.**

주로 금융 기관을 사칭해 개인의 금융 정보를

빼내어 범죄에 이용하는 것을

☐☐☐☐☐ 이라고 한다.

 **교과서 상식 백과**

경제 범죄를 저지르면 큰 벌을 받아요. 사기·공갈·횡령·배임 등 재산 범죄 이득액이 5억 원 이상이면 일반 형법보다 무겁게 처벌되고, 50억 원 이상이면 무기 또는 5년 이상의 징역, 5억 원 이상에서 50억 원 미만이면 3년 이상의 유기 징역이나 벌금이 부과되지요.

재산을 해외로 빼돌릴 때 그 금액이 5억 원 이상이면 처벌이 더 무거워요. 금융 기관에서 일하는 사람이 경제 범죄를 저지르면 형량이 더 세고, 금융 기관의 임직원이 금융 관련 부탁을 받고 금품을 받으면 더 무겁게 처벌받지요. 최근에는 인터넷과 디지털 기기를 이용한 경제 범죄가 기승을 부리고 있답니다.

국제 경제 기구
요미상사에 닥친 새로운 위기

"드디어 로봇 K 개발을 다시 시작할 수 있게 되었어."

남기남 사장이 퀭한 눈으로 김영우 과장에게 말했어. 남기남 사장은 요미 24 편의점의 동업 관계를 정리한 후, 밤낮없이 일해 돈을 모아 로봇 K 개발에 투자했거든. 그런데 김영우 과장은 낯빛이 흑색이 되어 있었어.

"로봇 K를 잘 만들어도 수출해서 돈 벌긴 힘들 것 같아요."

김영우 과장이 신문 한 장을 내밀었어. 신문에는 미국 도롬프 대통령의 발언이 실려 있었지. 도롬프 대통령은 우리나라에 투자금 약 494조 원을 선불로 내라고 했고, 이를 거부하면 엄청난 관세를 물릴 수도 있다고 했어.

"이렇게 되면 로봇 K의 가격이 너무 비싸져서 팔리지 않을 거예요."

남기남 사장이 큰 결심을 한 듯이 김영우 과장에게 말했어.

"경제와 관련한 **국제기구**를 찾아가서 도움을 청해 보세."

다음 날, 김영우 과장은 비행기를 타고 미국 워싱턴 DC로 날아갔어. 그곳에 본부를 둔 **국제 통화 기금**(IMF) 앞으로 가서 큰 소리로 외쳤어.

"미국에 투자금을 현금으로 주면 우리나라에 외화가 부족해서 경제 위기를 겪게 될 수 있어요. 무슨 방법이 없을까요?"

국제 통화 기금 총재는 한국말을 못 알아들어서 김영우 과장 앞을 그냥 지나치고 말았어. 김영우 과장은 포기하지 않았어. 이틀 후, **세계 무역 기구**(WTO)가 있는 스위스

제네바로 날아갔지. 하지만 사무총장은 무척 바빠, 그를 만날 생각이 없어 보였어. 김영우 과장은 그 앞에서 일주일 동안 큰 소리로 외쳤어.

"우리는 미국과 **자유 무역 협정**(FTA)을 맺고 있어요. 그런데 강대국이라고 일방적으로 밀어붙이면 안 되죠! 이건 자유 무역을 해치는 일이라고요!"

목이 쉴 때쯤 스위스 경찰들이 다가와서 김영우 과장을 쫓아내었어. 소란을 일으키는 여행객으로 생각했던 거야. 그때 김영우 과장의 휴대 전화가 울렸어. 남기남 사장이었지.

"이제 돌아오게. 곧 우리나라에서 아시아 태평양 경제 협력체(APEC) 정상 회의가 열린다고 해. 그때 미국 도롬프 대통령도 참석한다고 하니, 내가 직접 만나 보겠네."

얼마 후, 김영우 과장은 씁쓸한 표정으로 귀국 비행기에 앉아 있었어. 옆자리에 앉은 일본인이 말을 걸었어.

"환경에 관심 좀 있으무니까? 저는 지구 환경을 개선해 노벨 평화상을 타려고 하는 나다까라고 하무니다!"

김영우 과장은 쳐다보지도 않았어. 요미상사의 앞날이 더 걱정이었으니까. ★

WTO는 허수아비인가?

최근 경제 대국들이 자국의 이익을 앞세워 관세를 높이는 등 보호 무역 정책을 펼치며 국제 경제 질서가 흔들리고 있습니다. 이런 분위기 속에 자유 무역 확대 논의는 사라졌고, 세계 무역 기구(WTO)가 제 역할을 하지 못한다는 비판이 커지고 있습니다. 세계 무역 기구가 기능을 상실했다는 지적은 이미 오래전부터 제기돼 왔습니다. 미국 등 강대국의 외교적 영향으로 세계 무역 기구는 힘을 잃었고, 세계 정상들도 더는 세계 무역 기구를 통한 무역 정상화를 기대하지 않는 상황입니다. 세계 무역 기구의 오콘조이웨알라 사무총장을 만나고 온 요미시의 김영우 씨는 "미국이 엄청난 관세를 매기고 있으니 제어해 달라"고 요청했다고 합니다. 그러나 사무총장은 "자신의 힘으로는 막기 어렵다"며 난색을 표했다고 전했습니다.

신문 해설

국제 무역 질서 유지와 경제 협력을 촉진하는 대표적인 국제기구들을 경제 무역 기구라고 해요. 대표적으로 경제 협력 개발 기구(OECD)와 세계 무역 기구(WTO)가 있어요. 경제 협력 개발 기구(OECD)는 1961년 설립된 국제기구로, 회원국 간 경제 정책을 조율하고 무역 확대와 경제 성장을 도모하며 개발 도상국을 지원하지요. OECD는 경제 보고서 발간과 정책 경험 공유 등을 통해 국제 경제 주체들의 협력을 돕고 있어요. 현재 회원국은 38개이며, 우리나라도 가입돼 있어요.

세계 무역 기구(WTO)는 1995년 설립된 국제기구로, 회원국 간 무역 분쟁이 생기면 이를 조정하고, 관세 및 비관세 문제를 다뤄요. 국가 간 무역 갈등을 중재하기도 하지요. WTO는 전 세계 160여 개국이 가입돼 있으며, 무역 분쟁의 조정자 역할을 맡고 있답니다.

"국제 경제 기구들은 이제 필요 없다고 생각해요. 각 경제 기구의 회원은 결국 국가들이니, 국력이 센 나라의 의견대로 움직이는 것 같아요. 그렇다면 그런 기구들이 굳이 존재할 이유가 있을까요?"

"유명무실한 경제 기구도 있지만, 역할을 충실히 하는 기구도 있어. 우리나라에 외환이 바닥났을 때도 경제 기구에서 돈을 빌릴 수 있었잖아. 국가 간 경제 상황을 조정하는 중요한 역할을 하는 곳이니까."

똑똑한 문제와 정리

● 다음 중 국제 경제 기구와 관련한 설명으로 옳은 것 두 가지를 고르세요.

① 보이스카웃은 대표적인 국제 경제 기구이다.

② 세계 무역 기구는 회원국 간의 무역 분쟁을 조정한다.

③ 우리나라는 1997년에 IMF로부터 긴급 자금을 지원받았다.

④ 그린피스가 국제 경제 기구 중 가장 맹활약을 펼치고 있다.

● 다음 빈칸을 채우세요.

☐ ☐ ☐ ☐ ☐ ☐

☐ ☐ 는 우리나라를 포함한 38개국의 회원국으로 구성되어 있다.

교과서 상식 백과

우리나라에 경제 위기가 닥쳤을 때 국민적인 금 모으기 운동이 벌어졌어요. 금 모으기 운동은 1998년 IMF 외환 위기 당시 국민들이 금을 모아 국가 부채 상환에 기여한 운동으로, 약 351만 명이 참여해 227톤(약 22억 달러 상당)의 금을 모았어요.

IMF(국제 통화 기금)는 국제 금융의 안정 유지와 회원국의 경제 성장 지원, 위기 시 긴급 자금 지원, 환율 안정을 도모하는 기구예요. 우리나라는 1997년에 보유한 외환(달러)이 바닥나 심각한 경제 위기에 처했어요. 그래서 IMF로부터 긴급한 금융 지원을 받았고, 금 모으기 운동을 통해 모은 금은 국가 부채를 갚는 데 쓰였답니다.

PART2

환경

06

방독면이
세상을 구하랴?

07

바닷가에 나타난
돌연변이 인어

09

누군가에게
하드가 되어 주리

08

에코 백 안에
숨겨 둔 것

10

거북이 구해 준
돌연변이 인어

11

이처럼 더러운
아이돌이란!

지구 온난화
투발루를 구하러 떠난 요미즈

폭염으로 지친 요미시 시민들

어제 요미시의 낮 최고 기온이 40.5도를 기록했습니다. 열대야로 밤잠을 설친 시민들은 강변으로 나와 더위를 식혔습니다. 강변에 나온 요미시 시민들은 다양한 반응을 보였습니다. 요미즈 리더 고소희 씨는 "식당과 가정에서 요리하느라 불을 많이 사용해서 더워진 것 같다"고 말했으며, 반민초 씨는 "에어컨을 실외에서도 가동하면 더위를 해결할 수 있다"는 의견을 내놓았습니다. 그러나 이는 지구 온난화로 인한 현상으로 보입니다. 1880년부터 2012년까지 전 세계 평균 기온은 약 0.85도 상승했으며, 2015년 이후로는 1도 이상 높은 수준을 유지하고 있습니다. 과학자들은 머지않아 1900년대에 비해 1.5도 상승할 것이라고 전망하며, 그 이후에는 평균 기온 상승 폭이 더욱 가파르게 진행될 수 있다고 경고했습니다.

신문 해설

지구 온난화는 지구의 평균 기온이 높아지는 현상이에요. 공장이나 자동차, 발전소, 에어컨 등에서 배출되는 이산화 탄소, 메테인, 프레온 가스 같은 온실가스가 늘어난 것이 주된 이유예요.

이런 가스들이 대기 중에 모여 열의 배출을 막아 지구가 점점 더 따뜻해지고 있어요. 이를 '온실 효과'라고 해요. 지난 100년 동안 지구의 평균 기온은 약 0.74℃ 올라 갔고, 최근 50년 동안은 10년마다 0.13℃씩 더 빨리 오르고 있어요.

그 결과 폭염, 폭우, 한파, 태풍 같은 이상 기후가 자주 일어나고 있지요. 지구의 기온이 계속 높아지면 극지방의 빙하가 녹아서 해수면이 상승하고, 해안 도시가 침수될 수도 있어요. 그래서 세계 여러 나라에서는 온실가스 배출을 줄이고 지구를 보호하기 위한 다양한 노력을 하고 있지요.

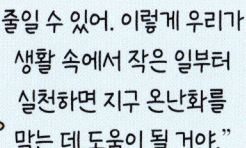

"지구 온난화가 점점 더 심각해지고 있대. 자동차 대신 자전거를 타거나 버스, 지하철을 이용하면 온실가스를 줄일 수 있어. 이렇게 우리가 생활 속에서 작은 일부터 실천하면 지구 온난화를 막는 데 도움이 될 거야."

똑똑한 맞대결

"꼭 그래야 돼? 굳이 우리가 나서서 해결하려고 할 필요는 없잖아. 과학자나 전문가들이 이미 열심히 연구하고 있으니 너무 걱정하지 않아도 돼. 과학이 더 발전하면 분명 지구를 지킬 좋은 방법이 생길 거야."

 똑똑한 **문제와 정리**

● **지구 온난화와 관련해 틀린 것 <u>두 가지</u>를 고르세요.**

① 이산화 탄소의 배출을 줄여야 지구 온난화를 막을 수 있다.
② 엘니뇨는 남아메리카의 바다 수온이 높아지는 현상이다.
③ 우리나라에서는 장마 기간이 사라진다.
④ 에어컨을 긴 시간 작동시켜서 지구의 온도를 낮춰야 한다.

● **다음 빈칸을 채우세요.**

남아메리카의 바다 수온이 따뜻해지는 현상을 ☐☐☐ 라고 한다.

 교과서 상식 백과

지구 온난화로 인한 기상 이변 중에는 '엘니뇨'와 '라니냐' 현상이 있어요. 엘니뇨와 라니냐는 스페인어로 각각 '남자아이'와 '여자아이'를 뜻해요.
엘니뇨는 남아메리카 서쪽 태평양의 바닷물이 평년보다 따뜻해지는 현상이에요. 이때 남아메리카엔 비가 많이 내려 홍수가 나고, 호주와 동남아시아엔 가뭄이 생기지요. 반대로 라니냐는 바닷물의 온도가 평년보다 낮아지는 현상이에요. 라니냐가 생기면 이번에는 호주와 동남아시아에 비가 많이 내려 홍수가 나고, 남아메리카엔 가뭄이 생겨요. 최근에는 지구 온난화로 이런 현상들이 더욱 자주 나타나고 있어요.

열대 우림 파괴
아마존에서 만난 괴물

경제 관련 국제기구를 돌아다니던 김영우 과장이 귀국하던 중 한동안 소식이 끊긴 적이 있었어. 요미상사 남기남 사장은 목이 빠지게 기다렸지만, 감감무소식이었지.

그때 김영우 과장은 큰 위기에 처해 있었어. 그가 타고 있던 경비행기가 브라질 북서부 상공을 지나다가 그만 추락하고 만 거야. 경비행기는 아마존 **열대 우림**의 높은 나무 위에 걸렸고, 김영우 과장이 정신을 차렸을 때는 조종사와 다른 승객들은 보이지 않았어.

"으으으, 온몸이 성한 데가 없네."

김영우 과장은 겨우 나무에서 내려왔어. 숲속은 햇빛이 거의 스며들지 않아 대낮인데도 캄캄했어. 김영우 과장은 무서웠지만, 차분히 숲을 빠져나가기로 했지. 그런데 누군가 자신을 따라오는 느낌이 들었어. 뒤를 돌아보면 숨고, 걷다 보면 또 따라오는 기분이었지.

"무서운 맹수가 아닐까? 어서 숲을 빠져나가야겠어."

그때 멀리서 굉음이 들렸어. 전기톱 같은 걸로 나무를 자르는 소리였어. 잠시 후, 커다란 나무가 쓰러지는 소리도 들렸지. 김영우 과장이 달려가 보니, 쓰

으아아! 따라오지 마! 난 파괴자가 아니라고!

러진 나무들이 여기저기 쌓여 있었어.

"**산림 벌채**로 아마존의 **생태계 파괴** 속도가
빨라진다더니……."

그때 맹수 같은 것이 달려오는 소리가 들렸어. 김영
우 과장이 깜짝 놀라서 도망가자, 뒤에서 거친 숨소리
와 함께 사나운 외침이 들렸지.

"아마존 파괴자! 용서하지 않겠스므니다!"

"으아아아! 따라오지 마!"

김영우 과장은 온힘을 다해 달렸어. 자신을 쫓아오는 건 맹수도, 원주민도
아니었어. 한국말을 하는 한국인 같기도 하고, 제대로 한국말을 하지 못하는
다른 나라 사람 같기도 했지. 한참을 달려 숨을 돌릴 즈음, 저 멀리 **목초지**가
보였어.

"목초지를 만들려다 숲이 파괴된다더니 바로 이곳이었군."

김영우 과장은 멀리 소들이 풀을 뜯는 모습을 구경하고 있었어. 그런데 뒤
따라오던 그 괴상한 존재가 또 나타나 괴성을 질렀어. 김영우 과장은 다시
달아나기 시작했어.

"난 파괴자가 아니라고! 제발 저리 가!"

김영우 과장은 나뭇가지에 긁혀 옷이 너덜
너덜해졌고 속옷까지 찢어졌어. 경비행기에
서 꺼낸 가방에서 옷을 갈아입었지만, 그마저
금세 찢어졌지. 김영우 과장은 우여곡절 끝에
구조자들을 만났어. 그런데 그가 떠날 때, 그
모습을 나무 뒤에 숨어서 지켜보던 이가 있
었어. 그가 조용히 속삭였어.

"아마존을 살려야 하므니다! 노벨 평화상
을 받아야겠스므니다!" ★

어휘 엿보기

- **열대 우림**(熱帶 雨林)
  일 년 내내 기온이 높고 비가 많은
  적도 부근의 열대 지방에서 발달하
  는 울창한 숲

- **산림 벌채**(山林 伐採)
  숲에 있는 나무를 베어내서 숲을
  없애거나 줄이는 것

- **생태계 파괴**(生態系 破壞)
  숲이나 강처럼 자연에 살고 있는
  동식물들이 살 곳을 잃거나 수가
  줄어드는 현상

- **목초지**(牧草地)
  가축의 사료가 되는 풀이 자라고
  있는 곳

벌목꾼으로 체포된 시민

　요미시에 거주하는 김영우 씨가 아마존 열대 우림 지역에서 조난됐다가 산림 벌목꾼으로 오인돼 브라질 경찰에 체포되는 일이 있었습니다. 브라질 정부는 무분별한 산림 훼손으로 인한 열대 우림 파괴를 심각한 환경 문제로 인식하고 있습니다. 이에 허가받은 벌목만 인정하고 있으나 여전히 불법적인 산림 파괴가 기승을 부리고 있다고 합니다. 김영우 씨는 자신은 벌목과 관련이 없다고 항변하며 브라질 정부를 강하게 비판했습니다. 그는 "문제는 산림 벌목만이 아니었다"며 "광산 개발, 축산업, 농지 확장 등도 열대 우림을 파괴하는 원인이며, 이런 경제 활동은 브라질 정부가 묵인한 기업들에 의해 이뤄지고 있다"고 지적했습니다. 이런 비판적인 태도 때문인지 김영우 씨는 언제 석방될지 알 수 없는 상황입니다.

신문 해설

　열대 우림 지역은 적도 부근의 덥고 습한 기후 지역으로, 비가 자주 내려 상록 활엽수림이 무성하게 자라는 곳이에요. 남아메리카의 아마존강 유역을 비롯해 인도네시아 등 동남아시아 지역, 아프리카의 콩고 분지, 카리브해와 맞닿은 중앙아메리카 지역이 여기에 속하지요. 이 열대 우림은 숲이 빽빽하고 다양한 동식물이 살아가는 생태계의 보고예요. 또 지구 산소의 약 20%를 만들어 내기 때문에 '지구의 허파'로 불려요. 하지만 아마존 열대 우림의 경우, 지난 40여 년간 전체의 12.5%에 해당하는 8,800만 헥타르가 사라졌다고 해요. 최근에는 1분마다 축구장 11개 면적이 사라질 정도로 파괴 속도가 빨라지고 있답니다. 열대 우림이 파괴되면 이산화 탄소가 늘어나고, 생태계가 무너지며, 기후 변화와 새로운 감염병이 생길 위험도 높아진다고 해요.

"농지를 만들려고 아마존의 숲을 파괴하는 건 정말 어리석은 짓이에요. 아마존은 지구의 기후를 조절하고, 깨끗한 공기를 만들어내며, 수많은 생명에게 삶의 터전을 제공하는 소중한 곳이거든요."

똑똑한 맞대결

"소고기나 돼지고기를 먹으려면 당연히 소와 돼지를 길러야 하잖아. 그런데 그 가축들의 먹이를 농사지어 만들지 않으면 어떻게 되겠어? 결국 넓은 아마존 같은 곳에서 가축을 키울 수밖에 없지."

 ## 똑똑한 문제와 정리

● 맞으면 ○, 틀리면 ✕ 하세요.

① 우리나라에는 열대 우림 지역이 많다. ☐

② 아마존 열대 우림은 지구의 허파라고 불린다. ☐

③ 아마존 열대 우림에 비가 많이 내려서 해수면이 높아지고 있다. ☐

● 다음 문장을 읽고 빈칸을 채우세요.

열대 우림 지역이 파괴되면

☐☐☐☐☐의

배출이 증가하고 생태계가 무너진다.

교과서 상식 백과

우리나라에서 메주콩으로 불리는 대두가 아마존 열대 우림 파괴의 주요 원인 중 하나라고 해요. 대두는 소와 돼지, 닭 같은 가축의 사료로 쓰이기 때문에 세계적으로 엄청난 양이 필요해요. 사료를 만들어 파는 기업들은 대두 생산지를 찾다가 새로 개간한 땅에서 재배된 대두를 사들이기 시작했어요. 바로 아마존 열대 우림을 파괴하고 만들어진 농지에서 생산된 대두였어요. 하지만 열대 우림을 파괴한다는 비난이 커지자 이 기업들은 아마존에서 생산되는 대두를 사들이지 않겠다는 규정을 맺고 '산림 벌채 제로' 서약을 맺었어요. 그러나 이 약속은 지금도 제대로 지켜지지 않고 있다고 해요.

분리수거와 재활용
남기남은 왜 구덩이를 팠을까?

"지구의 환경을 살려서 노벨 평화상을 타야겠스므니다!"

나다까 씨는 역사 문제에 관심을 갖기 전, 환경 문제에 빠져 있었어. 한국인이면서도 한국어가 서툴러 많은 오해를 받았지만, 꿋꿋이 환경 활동을 이어갔지. 그는 요미시 시민들이 환경 보호를 잘 실천하는지 감시하기로 했어.

"거리에 쓰레기를 버리면 안 되므니다. 매의 눈으로 감시하겠스므니다!"

나다까 씨가 가장 먼저 주목한 곳은 요미24 편의점이었어. 그곳에서 나오는 아이들이 과자 봉지를 버릴 것처럼 보였거든. 그때 김서아와 오여름이 편의점에서 나왔어. 오여름은 작은 캔을 열더니 그 안의 내용물을 땅바닥에 쏟으려 했어. 나다까 씨가 달려가서 말렸어.

"안 되무니다! **토양 오염**이 심해지므니다!"

에구머니! 저런 건 보면 안 돼!

분리수거장

앗, 내 팬티가!

혁, 저것은 코끼리이므니까?

나다까 씨가 땅에 뿌려진 것을 맨손으로 주워서 편의점 안으로 들어가 버리고 나왔어. 그러자 오여름이 울음을 터뜨리며 말했어.

"으앙, 길고양이한테 주는 먹이인데 왜 그래요?"

나다까 씨는 당황해서 얼른 달아났지. 며칠 후, 이번에는 아파트에 가서 **분리수거**하는 것을 감시했어. **플라스틱**과 비닐, 유리병, 종이 등 **재활용품**을 담는 통이 나란히 놓여 있었지. 그때 김영우가 커다란 쇼핑백을 들고 두리번거리며 나타났어. 나다까 씨가 그의 손목을 덥석 잡았어.

"쓰레기 함부로 버리면 안 되므니다!"

나다까 씨가 쇼핑백을 잡아당기는 바람에 쇼핑백이 찢어지고 말았어. 그 안에서 구멍 난 팬티와 낡고 해진 속옷이 쏟아졌어.

"왜 그러세요? 여기에 버리려던 게 아니라고요!"

낡은 속옷은 종량제 봉투에 담아 버리는 것이 맞았지만 둘은 그 사실을 몰랐지. 그러던 어느 겨울날, 요미시를 순찰하던 나다까 씨는 한 마당에서 삽으로 흙을 파는 남기남 씨를 봤어. 남기남 씨는 플라스틱 통을 땅속에 묻고 있었지. 나다까 씨가 훌쩍 담을 넘어 달려가서 말렸어.

"안 되므니다! 플라스틱은 잘 썩지 않으므니다!"

나다까 씨가 구덩이에서 통을 꺼내자 남기남 씨가 급히 빼앗으려 했어. 둘은 밀고 당기며 실랑이를 벌이다가 그만 플라스틱 통이 손에서 미끄러졌어. 통이 바닥에 떨어지며 뚜껑이 열렸고, 그 안에서 먹음직스러운 김치가 쏟아져 나왔어. 남기남 씨가 울상이 되어 말했어.

"으으, 내 김장김치!"

환경을 지킨다는 건 쉬운 일이 아니야. ★

어휘 엿보기

- **토양 오염**(土壤 汚染)
  땅에 플라스틱, 폐기물, 농약, 화학 약품 같은 오염 물질이 쌓이면서 흙이 더러워지는 것

- **분리수거**(分離收去)
  다 쓴 물건이나 쓰레기를 종류별로 나누어 따로 모아 버리는 일

- **플라스틱**(plastic)
  우리가 생활 속에서 많이 사용하는 가볍고 튼튼한 합성 물질

- **재활용품**(再活用品)
  다 쓰고 버린 물건 중에서 다시 사용할 수 있는 물건. 또는 그 물건으로 만든 물품

분리수거 제대로 안 하면 벌금 폭탄!

쓰레기 소각장 문제로 골머리를 앓아 왔던 요미시가 결국 새 소각장 설치 계획을 철회했습니다. 요미시는 쓰레기 배출량이 증가하자 기존 소각장 외에 한 곳을 더 건설하려 했지만, 주민들의 강한 반대로 끝내 무산되었습니다. 대신 요미시는 쓰레기 배출량을 줄이고, 분리수거를 제대로 하지 않는 시민에게는 높은 벌금을 부과할 방침입니다. 요미시에 거주하는 나다까 씨는 "두 손 들고 환영한다"라며 "특히 잘 썩지 않는 플라스틱이나 비닐류를 함부로 버리는 몰지각한 시민은 더욱 강력하게 처벌하  길 바란다"고 말했습니다. 반면 다른 시민 김영우 씨는 "시민에게 환경 문제를 전가하는 것은 무책임하다"라 며 "처벌보다는 환경 보전의 중요성을 알리는 것이 먼 저"라고 주장했습니다.

👆 신문 해설

쓰레기를 분리 배출할 때는 정확히 해야 해요. 보통 종이류, 플라스틱류, 비닐류, 금속 캔, 유리병, 스티로폼 등으로 나누어 버리지요?

종이류의 경우 신문, 책, 노트 등은 비닐 코팅된 부분이나 스프링 같은 이물질을 제거해야 해요. 종이 팩은 내용물을 비우고 헹군 뒤 눌러서 배출해야 하고요. 플라스틱류도 버리기 전에 꼼꼼히 살펴봐야 해요. 투명 페트병과 플라스틱 용기는 내용물을 버리고 라벨을 떼어 낸 다음 배출해야 하지요. 비닐류는 내용물을 비우고 이물질을 제거한 뒤 투명 봉투에 담아 내놓아요. 금속 캔과 유리병도 내용물을 버리고 라벨과 뚜껑을 제거한 후 이물질이 없도록 헹궈서 배출해요. 스티로폼은 이물질을 없앤 뒤 깨끗이 씻어 내놓고, 코팅된 제품은 종량제 봉투에 담아야 하지요. 이렇게 종류별로 올바른 배출 방법을 지켜야 한답니다.

"지구의 환경을 지키기 위해서는 쓰레기를 줄이고, 함부로 버리지 못하도록 해야 하므니다. 그래서 쓰레기를 아무데나 버리거나 분리수거를 제대로 하지 않는 사람은 엄벌에 처해야 하므니다."

똑똑한 **맞대결**

"분리수거를 제대로 안 한다고 처벌하는 건 말이 안 돼요! 쓰레기가 애초에 많이 생기지 않게 해야죠. 그러려면 기업이 상품을 만들 때부터 포장재를 줄이고, 재활용이 쉬운 친환경 소재를 써야 해요."

 ## 똑똑한 문제와 정리

● 쓰레기 분리수거와 관련해 틀린 것 두 가지를 고르세요.

① 금속 캔이나 유리병을 버릴 땐 안의 내용물과 이물질을 제거해야 한다.
② 페트병에 붙은 라벨은 떼고 버려야 한다.
③ 쓰레기는 재활용이 안 되므로 다 소각시켜야 한다.
④ 유리병은 모두 부수어서 버려야 한다.

● 다음 빈칸을 채우세요.

농약과 비료를 과다하게 사용하거나 산업 폐기물 등을 함부로 버려서 땅이 오염된 것을

□□□□ 이라고 한다.

 ## 교과서 상식 백과

투명 페트병으로 옷을 만들기도 해요. 버려진 플라스틱을 재활용해 멋진 옷으로 재탄생하는 거예요. 우리나라 경찰청은 국산 플라스틱 재활용 섬유로 만든 경찰 근무복 2,000여 벌을 현장에서 일하는 경찰관들에게 지급해 시범 착용했어요. 페트병이 간이 근무복과 생활 편의복 등으로 만들어진 거예요. 여름철 상의 하나에는 500밀리리터 페트병이 12개, 겨울철 상의 하나에는 38개가 사용되었다고 해요. 2,000여 벌을 만드는 데에는 6만 개의 500밀리리터 페트병이 사용되었지요. 페트병으로 만든 옷은 건설 현장에서 입는 근무복으로도 제작되어, 재활용의 모범 사례로 뽑혀요.

멸종 위기 동물
요미시에 출현한 반달가슴곰

안타깝스므니다. **서식지 파괴**로 인해 동물이 멸종하겠스므니다!

멸종 위기 동물을 보호하기 위해 이 생명 다 바치겠습니다!

흑흑

외래종 침입이 문제라더니 조것은 황소개구리이므니까?

꾸룩 꾸룩

잡았스므니다! 이놈, 황소개구리!

꾸룩

나? 두꺼비인데?

동물을 **남획**하는 것도 문제이므니다! 조것은 혹시 **천연기념물** 사냥꾼?

악!

백태클!

딱

안 되므니다!

왜 이래? 멧돼지 사냥 허가증이 있다고!

타앙

후다닥

꾸

엑

 어휘 엿보기

- **서식지 파괴**(棲息地 破壊) 동물이나 식물이 사는 곳(서식지)이 망가지거나 없어지는 현상
- **멸종 위기 동물**(滅種 危機 動物) 개체 수가 너무 적어져서 앞으로 사라질 위험이 큰 동물
- **외래종**(外來種) 다른 나라에서 들어온 씨앗이나 품종처럼, 원래 우리나라에 없던 동식물
- **남획**(濫獲) 짐승이나 물고기 따위를 마구 잡음
- **천연기념물**(天然紀念物) 국가에서 지정하여 법률로 보호하는 동물, 식물, 지형 따위의 자연유산

멸종 위기 동물, 고소희?

　　요미시에 거주하는 나다까 씨가 포획한 반달가슴곰은 아이돌 그룹 요미즈의 리더 고소희로 밝혀졌습니다. 지난밤 요미시에서는 큰 소동이 벌어졌습니다. 평소 멸종 위기 동물 보호 운동을 해오던 나다까 씨는 멸종 위기 동물인 반달가슴곰이 요미시의 도심에 출현한 것을 목격했다고 합니다. 나다까 씨는 "반달가슴곰을 포획해서 동물 보호 센터에 보내려 했다"며 "멸종 위기 동물이 도심에 나타난 것은 보기 드문 일이어서 깜짝 놀랐다"고 전했습니다. 하지만 그가 반달가슴곰이라 믿었던 존재는 고소희였던 것으로 드러났습니다. 고소희는 "내가 설사 반달가슴곰이었다고 해도 그대로 두었어야 하는 것 아니냐"며 "동물은 자연 그대로의 생명력을 가지고 스스로 살아갈 수 있도록 해야 한다"며 나다까 씨를 비판했습니다.

신문 해설

　　아무르호랑이는 오래전 우리 산과 들에 많이 살았던 호랑이에요. 조선 시대에는 궁궐에까지 나타났다는 기록도 남아 있어요. 그런데 이 호랑이가 더 이상 보이지 않게 된 것은, 일제 강점기 때 일제가 사냥꾼들을 동원해 무분별하게 남획했기 때문이에요. 멸종 위기 동물은 서식지 파괴, 남획, 기후 변화 등 여러 환경 문제로 개체 수가 급감하거나 멸종 위기에 처한 생물을 말해요. 그중에서도 가장 큰 위협은 서식지의 파괴예요.

　　무분별한 개발, 벌목, 댐 건설, 수질 오염 등으로 인해 동물들이 살 곳을 잃고 있어요. 예전에는 우리 산과 들에 많이 살던 한국여우도 과거에는 우리나라 전역에 분포했지만, 무분별한 포획과 서식지의 파괴로 지금은 멸종 위기 동물이 되고 말았어요. 하늘다람쥐와 사향노루도 약재나 애완용으로 남획되어 개체 수가 급감했지요.

"인위적으로 멸종 위기 동물을 구하려는 건 오히려 해가 될 수도 있어. 위기에 처한 동물을 데려와 보호한 뒤 다시 자연에 돌려보내기도 하잖아. 그런데 그렇게 자란 동물은 생존력이 약해져 결국 살아남기 힘들어."

똑똑한 맞대결

"무슨 말이야? 반달가슴곰만 봐도 개체 수를 늘려서 다시 자연에 돌려보내는 노력을 하고 있잖아. 인간이 적극적으로 돕지 않으면 살아가기 힘들기 때문에 이런 복원 활동을 하는 거야."

똑똑한 문제와 정리

● **맞으면 ○, 틀리면 ✕ 하세요.**

① 하늘다람쥐는 멸종 위기 동물이다. ☐

② 갯벌은 산이나 들과 달리 동물이 멸종될 위험이 없다. ☐

③ 한반도에 호랑이가 많이 사라진 것은 코로나 팬데믹 사태 때문이다. ☐

● **다음 빈칸을 채우세요.**

밀물 때는 물에 잠기고 썰물 때는 드러나는 점토질의 평탄한 해안가의 땅을 ☐☐ 이라고 한다.

교과서 상식 백과

멸종 위기 동물은 전 세계적으로 지난 400여 년 동안 400여 종에 달한다고 해요. 포유류와 조류가 특히 많은데, 사람들이 숲과 초원, 늪지 등의 생태계를 마구 파괴하기 때문이에요. 우리나라에서도 이러한 서식지 파괴가 계속되고 있어요. 우리나라 서해안에는 갯벌이 많이 발달해 있어요. 해안 습지인 갯벌은 강에서 흘러온 영양분이 풍부해 해조류와 식물성 플랑크톤이 잘 자라요. 그래서 다양한 해양 생물이 서식하지요. 그런데 바다를 메워 땅을 만드는 간척 사업으로 갯벌이 사라지기도 해요. 서해의 새만금 간척 사업은 이런 갯벌 파괴 문제와 관련이 있답니다.

전자 폐기물
구질구질강에서 돌멩이를 든 사내

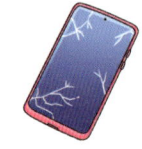

"이것 봐라! 나 최신 휴대 전화 샀다!"

오여름이 주머니에서 휴대 전화를 꺼내 김서아에게 자랑했어. 그러더니 김서아의 휴대 전화를 보며 비웃었지.

"우아, 이거 엄청 오래된 휴대 전화잖아? 박물관에 기증하면 되겠다."

"흥! 너 선 넘지 마라! 나도 최신 휴대 전화 살 거거든?"

김서아는 집에 가서 엄마에게 휴대 전화를 바꿔 달라 할 생각이었지만, 가는 길에 고민이 됐어. 그럴만한 이유가 필요했거든.

"잃어버렸다고 해야지! 누가 못 찾게 풀숲에 버리자!"

김서아는 풀숲에 휴대 전화를 던져 버리고 집으로 향했어. 그런데 그걸 지켜보고 있는 이가 있었어. 환경 전문가가 되기로 결심한 나다까 씨였지. 나다까 씨는 **폐 휴대 전화**가 한 해에 전 세계에서 약 50억 대 이상 버려진다는 것을 알고 있었어.

이건 버리고
새 냉장고를
사야지!

나도
휴대 전화
바꿔 줘요.

저걸 혼자
든다고?

"**전자 폐기물**이 환경 오염의 범인이므니다!"

나다까 씨는 풀숲에서 김서아의 휴대 전화를 찾아 곧장 뒤따라갔어. 그때 어디선가 씩씩대는 소리가 들렸어. 한소희가 커다란 냉장고를 집에서 짊어지고 나와서는 힘껏 던지며 외쳤어.

"지겨워! 나도 최신형 냉장고 갖고 싶단 말이야!"

한소희는 잠시 후에 커다란 텔레비전도 들고 나와서 던져 버렸어.

"이건 이제 싫어! 더 화질이 좋은 걸로 보고 싶단 말이야!"

김서아가 한소희의 치맛자락을 붙잡고 칭얼대는 소리도 들렸어.

"엄마, 나 휴대 전화 좀 바꿔 줘요. 오여름이 놀린단 말이에요!"

"함부로 버리면 안 되므니다. 전자 제품에는 **유해 중금속**과 **희소 금속**이 들어 있으므니다. 분리해서 수거해야 하므니다."

나다까 씨가 말렸지만 소용없었어. 결국 그는 발길을 돌려 요미시의 구질구질강으로 향했지. 그런데 강변에서 누군가가 쪼그려 앉아서 돌멩이로 휴대 전화를 부수려 하고 있었어.

"이러시면 안 되므니다! 이렇게 버리는 건 **개발 도상국**에서나 하므니다."

그 순간, 깨부수려던 휴대 전화에서 벨소리가 울렸어. 나다까 씨가 엉겁결에 받자 한소희의 목소리가 들렸어.

"여보, 어서 와서 전자 제품 좀 바꿔 줘요!"

나다까 씨가 쪼그리고 앉아 있는 사람을 쳐다보았어. 김영우가 휴대 전화를 받아들고 한소희에게 말했어.

"나도 휴대 전화 바꾸고 싶어요!"

참 못 말리는 가족이었어. ★

휴대 전화 함부로 버리다간 집안 망신!

요미시에서 함부로 버려지는 휴대 전화가 사회 문제가 되고 있습니다. 휴대 전화를 교체하려고 강이나 숲에 무심코 버린 시민들 때문에 요미시의 토양이 오염되고 있기 때문입니다. 최근 휴대 전화를 버렸다가 적발된 김서아 양은 "환경을 오염시키는 줄 몰랐다"라며 "폐기 방법을 알았다면 그에 따라 버렸을 것"이라고 해명했습니다. 하지만 김서아 양의 발언은 변명에 불과합니다. 요미시에서는 휴대 전화 등 전자 폐기물을 분리수거 시 함께 수거하고 있으며, 전용 수거함도 갖추어 놓았습니다. 또한 요미시는 전문 수거업체와 협력해 전자 폐기물을 안전하게 수거하고 처리하고 있습니다. 환경 문제에 관심이 높은 이연우 군은 "친구 김서아가 창피하다"라며 "올바른 분리배출 방법을 가르치겠다"고 했습니다.

신문 해설

우리나라에서는 전자 폐기물이 큰 골칫거리는 아니에요. 전자 폐기물을 배출하는 체계가 잘 마련되어 있기 때문이에요. 그런데 세계적으로 보면 전자 폐기물은 환경을 파괴하는 주요 원인 중 하나로 지목되고 있어요. 2022년 국제 전자 폐기물의 날을 맞이하며 '전기전자폐기물포럼'이라는 단체가 버려지는 휴대 전화의 양을 발표한 적이 있어요. 전 세계에서 약 160억 대의 휴대 전화가 사용되고 있으며, 이 중 약 53억 대가 버려질 것으로 예상된다고 해요. 전자 폐기물은 휴대 진화를 비롯해 전자레인지, 텔레비전, 컴퓨터, 냉장고 같은 전기·전자 제품을 말하며 해마다 약 4,446만 톤이 버려진다고 해요. 이런 전자 폐기물에는 수은, 카드뮴 등 유해한 중금속이 포함되어 있어서 함부로 버리면 토양이 오염되어 동식물에게 나쁜 영향을 끼치게 된답니다.

"전자 제품을 사용하지 않는 게 가장 좋은 방법이야. 전기밥솥 대신 솥을 쓰고, 휴대 전화 대신 편지를 보내면 돼. 전자 제품을 사용하지 않던 때도 있었잖아. 환경을 위해 그때처럼 살아야 해."

"전자 제품을 아예 안 쓸 수는 없지. 대신 폐기물을 제대로 처리하면 돼. 최대한 오래 쓰고, 중고가 되면 버리지 말고 기부하거나 팔면 되잖아. 또 지정된 수거함에 버리면 되지."

 똑똑한 문제와 정리

● **전자 폐기물과 관련해 틀린 것 두 가지를 고르세요.**

① 전자 폐기물에는 재활용할 수 있는 자원이 포함되어 있다.

② 전자 폐기물 문제와 AI 기술의 발달은 상관이 없다.

③ 책상과 소파는 전자 폐기물이므로 함부로 버리면 안 된다.

④ 다 쓰거나 고장 난 텔레비전, 배터리, 냉장고는 전자 폐기물이다.

● **다음 빈칸을 채우세요.**

선진국에 비해 산업 근대화와 경제 개발이

뒤떨어져 현재 경제 성장을 목표로 한 국가를

☐☐☐☐☐ 이라고 한다.

 교과서 상식 백과

전자 폐기물은 매년 약 4천만~6천만 톤 이상 발생하지만, 재활용 비율은 12% 미만으로 매우 낮아요. 이 중 70% 이상이 데스크톱이나 노트북 등 컴퓨터 제품이에요. 전자 폐기물에는 납, 수은, 카드뮴 같은 유해 물질이 들어 있어 제대로 처리하지 않으면 토양과 수질이 오염되어 인체에 해를 끼칠 수 있어요.

특히 개발 도상국에서는 전자 폐기물이 제대로 처리되지 않는 경우가 많다고 해요. 게다가 AI 산업이 커지면서 전자기기 사용량이 늘어 폐기물 발생도 함께 증가하고 있지요. 재활용률을 높이고, 부품을 재사용해 전자 폐기물 발생을 줄여야 한답니다.

미세 먼지
방독면이 세상을 구하랴?

재난 이후 극심한 침체에 빠졌던 요미시는 놀라운 속도로 재건되었어. 무너진 건물은 다시 세워지고, 도로는 새로 포장됐어. 공장 굴뚝에서는 연기가 피어올랐고, 거리에 자동차가 늘어났지. 도시는 활기를 되찾는 듯했지만, 또 다른 문제가 생겼어. 자동차 **배기가스**와 공장에서 뿜어내는 연기 때문에 **대기 오염**이 극심해진 거야. 방송에서는 연일 이렇게 보도했어.

"요미시의 **미세 먼지** 수치가 인체에 해로울 정도로 높게 나타났습니다. 미세 먼지에는 중금속과 **유해 화학 물질**이 포함돼 있어 각종 호흡기 질환을 유발할 수 있습니다."

뉴스를 보던 요미상사 남기남 사장이 김영우 과장을 불렀어.

"미세 먼지도 통과하지 못하는 방독면을 만들어 보자고!"

그날 이후, 김영우 과장은 퇴근도 하지 않고 일에 몰두했어. 무려 일주일

동안 집에 가지 않고 방독면 개발에 몰두했지.
그러던 어느 날, 딸 김서아가 전화를 걸어 왔어.

"아빠, 미세 먼지 때문에 학교에 가기 힘들어요. 내일 쉴까요?"

"그러렴. 널 위해 아빠가 미세 먼지 문제를 꼭 해결해 줄게."

전화를 끊은 김영우 과장은 새로 산 최신 휴대 전화를 흐뭇하게 바라보다가 다시 일에 몰두했어. 마침내 미세 먼지를 완벽히 차단하는 방독면이 완성되었어. 남기남 사장은 곧바로 제품 광고를 시작했지. 방독면은 날개 돋친 듯 팔렸어.

"김 과장, 수고했네! 요미시 시민들이 전부 하나씩은 산 것 같아."

"요미상사가 드디어 날개를 달게 되었네요."

요미시의 거리는 아침이면 안개가 낀 듯 뿌옇게 변했어. 바람이 없는 날에는 대낮에도 밤처럼 흐릿했지. 드디어 요미상사의 방독면이 진가를 발휘할 때가 온 거야.

요미시 시민들은 방독면을 쓰고 출근길에 나섰어. 오여름과 김서아도 방독면을 쓴 채 학교로 향했지. 김서아가 오여름에게 자랑했어.

"이거 우리 아빠가 만든 거다! 멋지지?"

하지만 2분도 안 돼 둘은 동시에 픽 쓰러지고 말았어. 오여름과 김서아만 그런 게 아니었어. 아이돌 그룹 요미즈의 채수빈과 반민초도 뒤이어 쓰러졌고, 고소희만 방독면을 낀 채 괴로워하며 외쳤어.

"헉헉! 숨이 안 쉬어져요. 이거 어떻게 벗어요?"

김영우 과장이 만든 방독면의 정화통이 불량이었던 거야. 미세 먼지만 막아야 하는데 공기까지 완전히 차단한 거지.

얼마 후, 요미상사의 창고엔 반품된 방독면으로 그득그득 찼지★

미세 먼지로 호흡기 질환자 폭증

   최근 대기 오염으로 호흡기 질환자가 5,870여 명에 달한 것으로 보고되었습니다. 요미시의 대기 오염은 몇 년 사이 급속히 악화되었으며, 관계 당국은 특히 초미세 먼지 농도의 상승을 크게 우려하고 있습니다. 요미산업단지의 공장 지대에서 배출되는 매연이 대기 오염의 주범으로 지목되고 있는 가운데, 요미산업단지에서 플라스틱 제조 및 판매업을 하는 요미상사의 남기남 대표는 "산업의 일꾼으로 칭찬받지는 못할망정 지탄의 대상이 되어 안타깝다"라며 "우리 때문이 아니라 편서풍을 타고 중국에서 유입되는 오염된 대기 때문이다"고 주장했습니다. 이에 호흡기 질환을 앓고 있는 요미즈의 리더 고소희 씨는 "목소리가 제대로 나오지 않아 노래를 부를 수 없다"라며 "요미상사를 폐업시켜야 한다"고 호소했습니다.

👆 신문 해설

   미세 먼지와 초미세 먼지는 입자 크기로 구분해요. 미세 먼지는 지름이 10㎛ 이하이고, 초미세 먼지는 지름이 2.5㎛ 이하예요. 머리카락 한 올 두께가 초미세 먼지보다 약 30배나 두껍다고 하니 얼마나 작은지 짐작할 수 있겠지요? 대기 속 미세 먼지는 인체에 들어오면 코나 기관지에서 잘 걸러지지 않아요. 특히 초미세 먼지는 미세 먼지보다 훨씬 입자가 작아서 몸속 깊숙이 침투해요. 미세 먼지는 산업의 발달과 밀접한 관련이 있어요. 공장의 굴뚝이나 자동차의 배기구에서는 휘발성 유기 화합물이 배출돼요. 휘발성 유기 화합물이란 벤젠이나 포름알데히드, 톨루엔, 자일렌, 에틸렌, 아세트알데하이드 등을 말하는데, 이런 물질들은 대기 중 미세 먼지를 만들어 인체에 해를 끼쳐요. 또 건축 자재, 페인트, 접착제, 주유소의 저장 탱크 등에서도 발생한답니다.

"대기 오염의 책임을 성실히 제품을 만드는 우리 기업들에게만 돌리면 안 되지! 게다가 우리나라에서 발생하는 대기 오염은 모두 다른 나라에서 발생한 오염 물질이 바람을 타고 흘러와 생기는 거야."

"말도 안 돼요. 시멘트 공장이 우리나라 미세 먼지 배출의 30% 이상을 차지한다는 조사 결과도 있어요. 자동 측정 장치를 설치해 오염 물질을 스스로 감시하고, 친환경 에너지를 사용하는 등의 노력을 해야죠."

 똑똑한 문제와 정리

● 대기 오염과 관련해 틀린 것 두 가지를 고르세요.

① 미세 먼지 농도가 높은 날에는 마스크를 껴야 한다.
② 대기 오염은 산업의 발달과 관련이 높다.
③ 미세 먼지는 늘 있으므로 항상 집에만 있어야 한다.
④ 초미세 먼지는 미세 먼지보다 입자의 크기가 크다.

● 다음 빈칸을 채우세요.

☐ ☐ ☐ ☐ ☐ 는

휘발성 유기 화합물 때문에 발생하는 미세 먼지 중 지름이 2.5 ㎛ 이하인 것을 말한다.

교과서 상식 백과

미세 먼지를 예방하려면 미세 먼지 농도가 높은 날은 외출을 가급적 피하고, 불가피할 때는 KF80 이상 보건용 마스크를 착용해야 해요. 또 실내 공기 질도 잘 관리해야 해요. 미세 먼지 농도가 '보통' 이하일 땐 하루 3번, 30분 이상 환기하고, '나쁨' 이상일 때는 공기청정기를 사용하며, 환기 후 물걸레질로 남은 미세 먼지를 없애야 해요. 음식을 조리할 때도 미세 먼지가 생길 수 있어 창문을 열고 환기하는 것이 좋아요. 실내 공기를 정화하는 식물을 두는 것도 도움이 돼요. 외출 후에는 온몸을 깨끗이 씻고, 얼굴과 손, 코, 입 주변처럼 호흡기와 닿는 부위는 더욱 꼼꼼히 씻어요.

해양 쓰레기
바닷가에 나타난 돌연변이 인어

향유고래에서 엄청난 양의 비닐이?

　요미시의 환경 운동가들이 해양 쓰레기 문제 해결에 발 벗고 나서 화제가 되고 있습니다. 해양 쓰레기 문제는 요미시뿐 아니라 전 세계적인 문제로 떠올랐습니다. 바다에는 어망과 부표 외에도 버려진 비닐 등의 쓰레기가 해마다 늘고 있으며, 이는 해양 생물의 죽음과도 연관이 있다고 합니다. 최근 죽은 향유고래의 뱃속에서 135가지의 플라스틱이 발견되었는데, 대부분이 비닐봉지였습니다. 물에 떠 있는 비닐을 먹이로 착각하고 삼킨 향유고래는 소화 기관이 막혀서 죽은 것으로 보입니다. 이를 안타깝게 여긴 환경 운동가 나다까 씨는 해변에서 비닐 수거 활동을 이어가고 있습니다. 나다까 씨는 "얼마 전 비닐에 휘감긴 돌연변이 해양 생물을 잡았다가 놓쳤다"라며 "해양 오염 탓에 이런 일이 생기는 것"이라고 말했습니다.

신문 해설

　바다에 버려지는 쓰레기 때문에 해양 동물들이 큰 위험에 처해 있어요. 2023년 미국 하와이에서 향유고래 한 마리의 사체가 발견되었어요. 길이 17미터, 몸무게 54톤인 이 향유고래의 뱃속에는 온갖 종류의 쓰레기가 들어 있었어요. 그물 일곱 종, 통발 여섯 개, 비닐봉지와 낚싯줄 등이 가득했지요. 향유고래는 멸종 위기 동물로 분류되어 있지만, 여전히 인간이 버린 쓰레기로 고통받고 있어요. 해양 쓰레기 외에도 바다를 오염시키는 원인은 다양해요. 선박이나 해양 시설에서 흘러나온 기름과 폐수, 하천을 통해 바다로 들어오는 생활 하수, 농업 폐수, 산업 폐수 등이 대표적이에요.

　이런 오염 물질은 플랑크톤이나 작은 해양 생물에 흡수되어 먹이사슬을 따라 축적돼요. 결국 우리가 먹는 생선이나 해조류 등에도 오염 물질이 포함될 수 있지요.

"해양 쓰레기를 문제 삼는 건
너무 호들갑 같아. 바다가 얼마나
넓은데! 쓰레기를 조금 버린다 해도
바다는 스스로 정화할 힘이 있잖아.
매일 파도랑 해류가 순환하니까
금방 흘러가 버릴걸?"

똑똑한
맞대결

"해양 동물이 해양 쓰레기로
피해를 입는 일이 계속 늘고 있대.
게다가 폐수나 기름이 바다로
흘러들면 바닷물이 오염돼 우리
건강에도 나쁜 영향을 준대.
이제는 결코 가볍게 넘길 수
없는 일이야."

 똑똑한 문제와 정리

● **맞으면 ○, 틀리면 ✕ 하세요.**

① 독도 강치 멸종의 가장 큰 원인은 남획이다. ☐

② 바다는 아주 넓고 깊어서 쓰레기를 버려도 아주 큰 문제는 되지 않는다. ☐

③ 해양이 오염된다고 어획량이 줄지는 않는다. ☐

● **아래의 빈칸을 채우세요.**

일정한 속도와 방향으로 흐르는
바닷물의 흐름을 ☐☐ 라고 한다.

 **교과서 상식 백과**

독도 강치는 바다사자의 한 종류로, 우리나라 동해안에 서식하던 해양 포유류예요. 주로 어패류를 잡아먹으며 무리를 지어 살았는데, 1800년대까지만 하더라도 수만 마리가 살았다고 해요. 특히 독도 주변에 많이 서식해 '독도 강치'라 불렸지요. 하지만 지금은 멸종되어 더는 찾아볼 수 없어요. 1904년부터 일본 어부들이 대규모로 포획하면서 개체 수가 급격히 줄었어요. 불과 8년 만에 수만 마리였던 강치는 30% 이하로 줄었고, 1940년에는 227마리밖에 남지 않았다고 해요. 남획이 멸종의 가장 큰 이유였지만, 해양 오염과 쓰레기 등도 강치의 생존에 간접적인 영향을 주었다고 해요.

친환경과 가짜 친환경
에코 백 안에 숨겨 둔 것

　뮤직 비디오를 찍다가 실종되었던 요미즈의 리더 고소희는 인어의 모습을 한 채 가까스로 구조되었어. 고소희를 구해 낸 나다까 씨는 사람들이 칭찬하는 데도 민망해하며 자리를 떴어.

　"바다 멧돼지인 줄 알았으므니다!"

　고소희는 기자 회견을 하게 되었어. 아이돌 그룹 요미즈의 멤버 전체가 참석했고, 모든 질문이 고소희에게 집중되었지. 한 기자가 물었어.

　"겨우 목숨을 구한 걸로 알고 있습니다. 이번에 느낀 점이 있나요?"

　"바닷속에서는 빨리 배가 고파진다는 것을 알게 되었어요. 회가 너무 먹고 싶었어요."

　채수빈이 고소희 허리를 쿡쿡 찌르며 속삭였어.

　"으휴, 더 멋지게 말해야지."

　다른 기자가 질문했어.

"그게 다인가요?"

고소희가 갑자기 생각났다는 듯이 줄줄 말을 늘어놓았어.

"제가 비닐에 휘감긴 돌고래를 구해 줬어요."

"오! 해양 생물을 구출해 준 거네요?"

"그리고 바다에 쓰레기가 너무 많은 걸 보고 결심했어요. 깨끗한 환경을 되찾기 위해 앞장 서기로요! 이제부터 저, 고소희는 **친환경** 제품만 쓰고, 친환경적으로 살아갈 거예요!"

다음 날, 모든 언론에서 고소희의 기사를 다루었지. '고소희, 친환경을 선언하다!'란 제목으로 **대서특필**되었어.

그날 이후, 고소희는 팬들의 눈을 의식했어. 머리를 감을 땐 샴푸를 사용하지 않았어. 그냥 물에 헹구기만 했지. 머리를 말린 후엔 참기름을 발랐어.

"이걸 바르면 머릿결이 반질반질해질 거야."

그런데 거리에 나섰다가 뜻밖의 **봉변**을 당했어. 거리를 걷던 고소희의 머리 위로 벌떼가 몰려든 거야. 놀란 고소희는 비명을 지르며 달아났지. 음료를 마실 때는 플라스틱 빨대 대신 옥수수로 만든 빨대를 사용했어. 음료를 마시다가 배가 고팠던 고소희는 빨대까지 우적우적 씹어 먹었어.

"옥수수로 만든 거니 먹어도 될 거야."

그걸 본 팬들이 먹방 아이돌이라며 놀렸지. 그러던 어느 날, **에코 백**을 들고 나선 고소희에게 팬들이 사인을 해 달라며 몰려들었어. 그런데 고소희가 에코 백 안에서 펜을 꺼내려다가 그만 악어가죽 지갑을 떨어뜨리고 말았어. 그걸 본 팬들이 소리쳤어.

"**그린워싱**! 가짜 친환경이야!"

친환경 아이돌 고소희의 실체가 밝혀진 날이었지. ★

농약 잔뜩 뿌리고 친환경?

아이돌 그룹 요미즈의 리더 고소희가 보여 온 친환경 행보가 거짓으로 드러났습니다. 고소희는 최근 생활 속에서 친환경을 실천하겠다고 선언한 적 있습니다. 그 이후, 플라스틱 빨대가 아닌 옥수수 빨대를 쓰고, 에코 백을 사용하는 모습을 공개해 주목을 받았습니다. 하지만 이는 팬들의 시선을 의식한 보여 주기식 행동이었던 것으로 밝혀졌습니다. 팬들이 고소희가 숨기고 있던 악어가죽 지갑을 발견하고 항의한 것입니다. 이처럼 겉으로만 친환경을 내세우는 이른바 '가짜 친환경(그린워싱)' 기업들도 사회적 문제로 떠오르고 있습니다. 요미상사는 최근 제품 포장에 '친환경 인증 마크'를 새기고 친환경 재료만 사용했다고 광고했지만, 그들이 자신 있게 내놓은 '친환경 두부'는 농약을 잔뜩 친 유전자 조작 콩으로 만들어졌다고 합니다.

신문 해설

비닐 라벨이 없는 생수는 친환경 제품일까요? 아니에요. 라벨을 제거했더라도 플라스틱병이라면 친환경 제품이라 할 수 없지요. 또 자연 유래 성분으로 수질 오염을 줄인다고 광고하는 세제나 샴푸도 대부분 일부만 친환경 성분일 뿐, 나머지는 화학 성분인 경우가 많아요. 1983년 피지섬의 한 호텔을 찾은 환경 운동가 제이 웨스터벨트는 욕실에 붙은 문구를 보고 분노했어요. '환경을 위해 수건을 재사용해 달라'는 문구였지요. 환경 오염을 유발하던 호텔이 세틱비를 아끼려는 의도를 숨긴 채, 마치 환경을 생각하는 것처럼 행동한 거예요. 웨스터벨트는 이런 행위를 '가짜 친환경', 즉 '그린워싱'이라 부르며 기업들의 거짓 친환경 마케팅을 비판하기 시작했어요. 그린워싱은 겉으로는 환경 보호를 내세우지만 실제로는 환경을 해치는 행동이나 상품을 말해요.

"천연 원료가 100%가 아니라고 비판하지 마! 그래도 다른 제품보다 천연 원료를 훨씬 많이 썼잖아. 완벽한 친환경은 아니더라도, 환경을 생각해 최대한 친환경에 가깝게 만든 좋은 제품이야!"

똑똑한 맞대결

"소비자들에게 혼란을 준 게 더 나빠! 친환경 제품을 만들 생각도 없으면서 광고만 친환경으로 한 거잖아. 결국 소비자를 속인 거야. 사람들은 자세히 살펴보지 않고, '친환경 제품이구나' 하고 믿고 사 버리니까."

 똑똑한 문제와 정리

● **그린워싱과 관련해 틀린 것 두 가지를 고르세요.**

① 그린워싱은 친환경 제품인 척하는 가짜 친환경을 뜻한다.

② 환경친화적이란 표현을 많이 쓰는 제품을 주의해서 봐야 한다.

③ 비닐 라벨을 뗀 플라스틱병은 친환경 제품이다.

④ 천연 성분이 80% 함유되면 친환경 상품이라고 광고해도 된다.

● **다음 빈칸을 채우세요.**

농사지을 때 오리나 우렁이를 이용해

자연환경을 오염시키지 않고 농사짓는 것을

☐☐☐ 농법이라고 한다.

 교과서 상식 백과

'가짜 친환경'은 기업이 이윤을 더 많이 남기기 위해 친환경적 특성을 과장하거나 허위로 광고하는 행위를 말해요. 실제로는 환경에 해롭거나 친환경적이지 않은 제품을 친환경으로 포장해 광고하는 경우가 많아요. 합성 원료를 사용하면서도 '100% 천연 원료'라고 광고하거나, 인증을 받지 않았는데도 환경 마크를 사용하기도 하고, 인증 기준에 미달하는 제품을 친환경 제품으로 표기하기도 해요. 또 '무독성', '환경친화적' 같은 표현을 객관적인 근거 없이 쓰는 경우도 있지요. 제품의 성분표나 인증 여부를 꼼꼼히 살피는 습관을 들이면, 이런 가짜 친환경 제품들을 쉽게 구분할 수 있답니다.

사막화 위기
누군가에게 하드가 되어 주리

남기남 사장이 요미상사의 창고를 들여다보며 깊은 한숨을 쉬었어.

"방독면은 실패야! 실패를 만회할 특별한 아이디어가 없을까?"

뒤에 서 있던 김영우 과장이 조심스럽게 말했어.

"너무 자책하지 마세요. 미세 먼지와 **황사**로 힘들어하는 요미시 시민들을 위해 최선을 다했으니, 그걸로 위로 삼아요."

남기남 사장이 기침을 하며 하늘을 올려다보았어.

"콜록콜록! 오늘도 황사가 심하군. 숨 쉬기조차 힘들어. 내 **호흡기 질환**이 나을 날이 없네. 그런데 저 모래는 어디서 날아오는 걸까?"

"중국과 몽골 쪽의 **사막화**가 심각하다던데, 거기서 날아오나 봐요."

"중국과 몽골이라…… 그래! 거기로 가야겠군!"

남기남 사장의 아이디어는 황당했어. 덥고 건조한 그곳 사막에 가서 하드를 팔아보자는 거였지.

며칠 뒤, 비행기를 타고 칭기즈칸 국제공항에 도착한 김영우 과장은 화물을 찾았어. 커다란 아이스박스 속에 얼음과 시원한 하드가 가득 들어 있었지. 그는 무거운 아이스박스를 힘껏 들어 기차에 올랐어. 한참을 이동한 김영우 과장은 걷고 또 걷다가 멀리 보이는 **게르** 안으로 다짜고짜 들어갔어. 게르 안에는 한 가족이 둘러앉아 있었어. 김영우 과장은 휴대 전화 번역기를 켜고 물었어.

"말씀 좀 묻겠습니다. 사막화가 많이 진행된 곳이 어딘가요?"

"서쪽 **건조 지역**으로 가세요! 요즘 그곳이 사막이 됐어요."

김영우 과장은 꾸벅 인사하고 게르를 나섰어. 얼마 걷지 않아 발밑의 흙이 서서히 모래로 바뀌더니, 이내 사방이 끝없이 펼쳐진 사막으로 변했지. 공기는 뜨겁고 메말라 숨을 들이쉴 때마다 목구멍이 바싹 타들어갔어.

"흠, 생각보다 사막화가 심각하군. 그런데 하드 살 사람이 안 보이네."

김영우 과장은 어깨가 아파서 아이스박스를 털썩 내려놓았어. 아이스박스에 연결된 끈이 어깨를 짓눌러 아프게 했지만, 잠시 숨을 고른 뒤 곧 다시 메었지. 그는 요미상사의 가장 책임감 있는 직원이었으니까. 걷고 또 걷고, 열 시간이 지나서야 저 멀리 사람 한 명이 보였어. 김영우 과장은 반가운 마음에 그쪽으로 달려갔어. 그 사람은 바로 나다까 씨였어.

"아니 여기서 뭐 하세요?"

나다까 씨는 나무를 한 그루 심고 있었어.

"지구를 살려야 하므니다!"

김영우 과장이 감격해서 나다까 씨에게 하드 하나를 공짜로 주었어. 참 아름다운 만남이었지. ★

어느 환경 운동가의 달걀로 바위 치기

환경 운동가 나다까 씨가 지구의 사막화를 막기 위해 '나무 한 그루 심기' 운동을 펼치겠다고 발표했습니다. 나다까 씨는 얼마 전 몽골에서 진행 중인 나무 심기 운동을 보고 자신도 동참하기로 결심했다고 밝혔습니다. 몽골은 전 국토의 약 90%가 사막화 위기에 놓여 있습니다. 과거에는 몽골이라 하면 끝없이 펼쳐진 초원을 떠올렸지만, 지구 온난화로 평균 기온이 상승하면서 지난 40년 동안 1,000개가 넘는 호수와 강이 사라졌고, 황사 문제도 심각해지고 있습니다. 사막화가 더 진행되면 기후 위기가 악화되고, 생태계에도 큰 영향을 미치게 됩니다. 황사로 인해 한국의 대기 오염도 악화될 것으로 보입니다. 나다까 씨는 "한 그루를 옮겨 심는 데 14일이 걸려 한 달에 두 그루를 심겠다"고 말했습니다.

신문 해설

지구 육지의 약 1/3은 건조하거나 반건조 지역이에요. 사막화가 문제되고 있는 곳은 사막 주변의 반건조 지역으로, 이곳에는 사막화가 진행되면서 농산물의 생산량이 크게 줄거나 아예 생산하지 못하고 있어요. 이런 사막화는 전 세계적인 현상으로, 심해지면 지구 육지의 3/4 이상이 사막으로 변한다고 해요. 최근 중국에서는 해마다 약 600만 헥타르의 땅이 새로 사막화되고, 그로 인해 피해를 입는 농촌 인구가 해마다 약 1,700만 명에 이른다고 해요.

몽골도 사막화가 심각해요. 1990년대까지 몽골 전체 면적의 40%를 차지하던 사막은 현재 78%까지 늘어났어요. 사막화는 강수량 부족 같은 기후적 요인뿐 아니라, 벌목이나 무분별한 개간 같은 인간의 활동 때문에도 생겨요. 사막화가 지속되면 인류는 심각한 식량 위기를 겪게 될지도 몰라요.

"몽골이나 중국의 사막화가 심해지면 우리나라에도 영향을 줘요. 황사와 미세 먼지가 늘어날 테니까요. 그래서 나다까 씨처럼 우리도 사막화를 막는 일에 관심을 가지고 함께해야 해요. 사막화는 지구의 문제니까요."

똑똑한 맞대결

"그깟 나무 몇 그루 심는다고 사막화를 막을 수 있을까요? 시간만 오래 걸리고 소용없을 거예요. 사막화를 막으려면 다른 방법을 찾아야 해요. 강수량이 부족하니 한강의 물을 옮겨 주면 어떨까요?"

똑똑한 문제와 정리

● 맞으면 ○, 틀리면 ✕ 하세요.

① 사막화가 되는 곳은 열대 우림 지역이다. ☐

② 사막화가 되는 지역의 연평균 강수량은 1,500mm 전후이다. ☐

③ 사막화는 기후적인 원인 외에 벌목과 개간 등 인위적인 원인도 있다. ☐

● 다음 빈칸을 채우세요.

연평균 강수량 500mm 미만으로 강수량보다 증발량이 더 많은 지역을 ☐☐☐☐ 이라고 한다.

 교과서 상식 백과

비와 눈, 우박, 진눈깨비 등이 내린 양을 통틀어 강수량이라고 해요. 눈이나 싸락눈, 우박 등은 고체이지만 녹여서 그 양을 재지요. 우리나라의 연평균 강수량은 전국적으로 1,000~1,800mm이며, 제주도 남부 지방이 가장 많고 낙동강 상류 지방이 가장 적어요.

여름철은 겨울철보다 강수량이 더 많지만, 지역 간의 차이는 그리 크지 않아요. 우리나라에 내리는 강수량은 농사짓기에 알맞은 편이에요. 이에 비해 사막화가 진행 중인 지역의 연평균 강수량은 100~150mm에 불과하지요. 우리나라 서울 연평균 강수량(1,200mm)과 비교하면 10분의 1도 안 되는 양이에요.

방사능 오염수
거북이 구해 준 돌연변이 인어

가짜 친환경 낙인을 없애려면 이미지를 바꿔야 해!

그래서 일본 후쿠시마 앞바다까지 온 거예요?

자, 가자!

네! 잘 찍으세요!

빳

여긴 원전에서 **방사능 오염수**를 **방류**하는 현장이고요!

오염수 보이시죠? 이 퀴퀴한 냄새를 한번 맡아 볼까요?

떵-온

흠, 방사능 오염수는 무색무취인데?

저기서 인체에 치명적인 이중 수소를 제거도 안 한 채….

어푸

어휴, 이중 수소가 아니라 **삼중 수소**!

이런 끔찍한 **방사성 물질**이 떠다니고 있고요!

뭐?!

내가? 나, 불가사리잖아!

요미상사, 일본산 생선 수입해 말썽

최근 요미시에서 일본산 생선을 판매하던 한 기업이 영업 정지 30일의 행정 처분을 받았습니다. 일본 후쿠시마 원전 사고 이후 요미시는 일본산 생선의 수입을 금지하고 있었습니다. 그런데 수산물 수입 업체인 요미상사가 최근 일본산 생선을 들여와 시중에 유통한 것입니다. 요미상사의 남기남 사장은 "방사능 오염수는 별로 문제없다"라며 "소량의 오염수가 방류되더라도 넓은 바다에 희석될 테고, 물고기들도 그곳에만 머무는 게 아니니 괜찮을 것"이라고 말했습니다. 이 생선을 사서 요리해 먹은 오여름 양은 "당장은 괜찮을 수 있지만, 많은 양을 장기간 섭취하면 건강에 해로울 게 분명하다"라며 분노를 터뜨렸습니다. 요미시는 안전성이 확인되기 전까지 일본산 생선에 대한 수입 제한 조치를 해제하지 않겠다고 밝혔습니다.

신문 해설

방사성 물질이 포함된 오염수를 바다에 방류하거나 육지에 보관할 때, 생태계와 인체 건강에 심각한 위협을 줄 수 있다는 점에서 논란이 일고 있어요. 방사성 물질이 바다로 유출되면 해양 생태계가 파괴되고, 어류 등을 통해 인체에도 악영향을 미칠 수 있지요. 육지에서 방사능 오염수를 보관하고 관리하는 것도 쉽지 않아요. 방사성 물질의 반감기가 수십 년에서 수백 년에 이르고, 유출 위험도 있기 때문이에요.

지난 2011년 3월 큰 지진으로 일본 후쿠시마 해안가의 원자력 발전소가 쓰나미 피해를 입으며 사고가 발생했어요. 이때 녹아내린 핵연료와 접촉한 물이 계속 생겨났지요. 일본 정부는 이 방사능 오염수 처리 문제로 오랫동안 고민하다 2051년까지 방류한다는 계획을 세우고, 2023년 8월 24일 첫 방류를 시작했어요.

"후쿠시마 앞바다에서 잡은 일본산 생선을 먹는다고 너무 걱정할 필요는 없어. 방사능 오염수는 이미 희석 과정을 거쳤고, 넓은 바다에서 사는 물고기들이 특정 지역의 오염수 속에만 머무는 것도 아니잖아."

똑똑한 맞대결

"일본에서 방류한 오염수가 해류를 타고 우리 앞바다까지 오는 데 4~5년쯤 걸린대요. 방사능 오염수는 금세 희석되지 않아요. 그래서 나중에는 우리 바다에서 잡은 생선도 먹기 힘들어질까 봐 걱정이에요."

똑똑한 문제와 정리

● 맞으면 ○, 틀리면 ✕ 하세요.

① 핵은 원자력 발전으로 인류에 도움을 준다. ☐

② 방사능 오염수를 방류해도 바다 생태계에는 큰 영향을 주지 않는다. ☐

③ 방사능 오염수는 몇 년 지나면 희석된다. ☐

● 다음 빈칸을 채우세요.

미국이 히로시마에 원자 폭탄을 투하한 것은

☐☐☐ 전쟁을 끝내기 위해서였다.

 교과서 상식 백과

핵은 양면성을 지니고 있어요. 에너지로 변환해 우리 삶에 큰 도움을 주기도 하지만, 피폭되면 심각한 질환을 앓거나 죽음에 이를 수도 있지요. 핵은 무서운 무기로도 사용돼요. 미국은 태평양 전쟁에서 일본을 항복시키기 위해 히로시마와 나가사키에 원자 폭탄을 투하했어요. 1945년 8월 6일, 미국이 일본 히로시마에 투하한 원자 폭탄 '리틀 보이'는 인류 역사상 최초이자 유일한 실전 핵무기 사용이었어요. 당시 히로시마에는 약 35만 명이 살고 있었는데, 14만 명 이상이 사망했고, 도시 대부분이 파괴되었지요. 생존자들도 방사능 피폭으로 오랜 세월 고통받으며 살아야 했답니다.

재생 에너지
이처럼 더러운 아이돌이란!

'환경을 생각하는 개념 아이돌, 고소희!'라는 이미지로 요미즈가 크게 홍보했지만, 결국 그 전략은 실패로 끝나버렸어. 그 모습을 지켜보던 채수빈과 반민초가 고소희에게 따가운 눈길을 보냈어.

"후유, 리더가 잘못하니 우리까지 피해를 보는 거잖아."

"맞아! 환경에 대해 잘 알지도 못하면서 너무 호들갑을 떤 거야."

고소희는 부아가 치밀었어.

"너희는 알아? 그럼 너희가 한번 해보든가!"

며칠 뒤, 채수빈이 머리 위에 태양열 집열판을 달고 나타났어. 꽤 무거워 보였지만, 팬 서비스가 좋기로 소문난 채수빈은 환한 미소로 팬들에게 손을 흔들었지. 이윽고 태양열 집열판을 헤어드라이어에 연결하자, "위잉—"하는 소리와 함께 헤어드라이어에서 뜨거운 바람이 불어 나왔어. 그 모습을 본 팬들이 깜짝 놀라며 환호성을 질렀어.

"우아, **태양열 에너지**를 이용하나 봐. **재생 에너지**를 사용하는 진정한 개념 아이돌이야!"

반민초도 가만히 있지 않았어. 커다란 바람개비를 가슴에 달고 나타난 거야.

"**풍력 발전**을 이용하려는 거야? 근데 바람이 안 부는데?"

채수빈이 고개를 갸웃하자, 반민초가 어깨를 으쓱하고 전속력으로 달리기 시작했어. 바람개비에서 나온 전선은 반민초의 이마에 달린 전자시계와 연결되어 있었는데, 힘껏 달리자 꺼져 있던 전자시계가 번쩍 켜졌지.

"우아! 반민초도 개념 아이돌이었어."

그 모습을 본 고소희는 기분이 몹시 상했어. 자기가 아닌 두 사람이 주목받는 게 마음에 들지 않았던 거야. 집으로 돌아온 고소희는 책상에 앉아 환경 책을 펴 들었어.

"**신재생 에너지**? 신재생 에너지의 종류 중에 **수소 에너지**도 있다고? 이게 다 뭐지? 너무 어려운걸. 어휴, 그럼 나도 그냥……."

며칠 후, 개념 아이돌 채수빈과 반민초가 팬들 앞에서 인기몰이하고 있을 때, 고소희가 커다란 양동이를 들고 등장했어. 팬들의 시선이 단번에 고소희에게 쏠렸지. 고소희는 힘껏 외쳤어.

"여러분, **폐기물 에너지**가 얼마나 대단한지 보여 드릴게요!"

팬들은 호기심 어린 눈빛으로 고소희 주위로 몰려들었어. 고소희가 양동이 뚜껑을 열며 당당하게 외쳤지.

"음식물 쓰레기로 만든 친환경 바이오가스예요!"

그 순간 팬들이 코를 틀어막으며 달아났어. 그날 이후 고소희는 '가장 더러운 아이돌 1위'라는 불명예를 얻게 되었지. ★

석탄을 때는 첨단 기업, 요미상사!

국제 사회에서 재생 에너지 활용 요구가 커지는 가운데, 석탄을 공장의 연료로 사용하기 시작한 요미상사가 비판을 받고 있습니다. 플라스틱 제품을 생산하는 요미상사는 재생 에너지보다 저렴한 석탄을 사용해 제품 단가를 낮추겠다고 밝혔습니다. 요미상사의 남기남 대표는 "석탄과 석유가 고갈되려면 한참 멀었다"라며 "지구에 존재하는 이 에너지를 최대한 활용해야 한다"라고 말했습니다. 환경 운동가인 나다까 씨는 요미상사 앞에서 일인시위를 하며 "지구의 미래를 위해 재생 에너지를 사용하지 않는 기업에 대한 불매 운동을 벌여야 한다"고 목소리를 높였습니다. 남기남 사장과 나다까 씨의 대립은 계속되고 있으며, 요미상사 공장의 굴뚝에서는 밤낮없이 시커먼 매연이 뿜어져 나오고 있습니다.

👆 신문 해설

재생 에너지는 햇빛, 바람, 물, 지열, 생물 유기체 등 자연에서 계속 얻을 수 있는 에너지를 말해요. 햇빛은 태양광이나 태양열 에너지로, 바람은 풍력 에너지로, 물은 수력이나 조력 에너지로, 생물 유기체는 바이오 에너지로 활용되지요. 재생 에너지는 이처럼 석탄이나 석유 같은 화석 연료를 대체하는 친환경 에너지원이에요. 화석 연료가 지구 온난화와 기후 위기를 초래해서 새로운 친환경 에너지가 필요해진 거지요.

첨단 기술을 이용해 새로운 에너지를 만드는 방식은 '신에너지'라고 해요. 수소 에너지, 연료 전지 등이 여기에 속해요. 이 또한 자연에서 얻은 원료를 첨단 기술로 가공해 에너지로 바꾼다는 것이 특징이에요. 신재생 에너지는 재생 에너지와 신에너지를 모두 포함하는 개념으로, 화석 연료를 대체하는 친환경 에너지를 뜻해요.

"새로운 에너지를 개발하려 한 건 석탄이나 석유가 고갈될지 모른다는 불안에서 시작된 거야. 하지만 석탄이나 석유가 당장 고갈될 것 같진 않아. 나는 화석 연료가 사라지기 전까진 마음껏 써야 한다고 생각해."

똑똑한 맞대결

"화석 연료는 매연을 많이 내뿜어서 지구 환경에도 해롭잖아요. 그러니 태양광이나 풍력 같은 재생 에너지를 쓰는 게 더 낫죠. 지구의 미래를 생각하며 제품을 만들어야 해요."

 똑똑한 문제와 정리

● **신재생 에너지와 관련해 틀린 것 두 가지를 고르세요.**

① 화석 연료보다 재생 에너지가 환경엔 더 좋지 않다.

② 재생 에너지는 빨리 고갈되므로, 고갈되기 전에 빨리 사용해야 한다.

③ 수소 에너지는 신에너지라고 한다.

④ 재생 에너지와 신에너지를 합쳐 신재생 에너지라고 한다.

● **다음 빈칸을 채우세요.**

생물의 유기체로 얻는 에너지를

☐☐☐ 에너지라고 한다.

 **교과서 상식 백과**

몇 해 전 20대 대통령 선거 토론회에서 한 후보가 상대 후보에게 '알이백'에 대한 생각을 물었어요. 상대 후보는 "알이백이 뭐죠?"라고 되물었지요. '알이백'은 'RE100'이라고 쓰며, 풀어 보면 'Renewable Electricity 100%', 즉 '재생 에너지로 100%'라는 뜻이에요. 기업이 사용하는 에너지를 모두 재생 에너지로 바꾸자는 캠페인이지요. 국제 신용 평가 기관들은 'RE100'을 실천하지 않는 기업의 평점을 낮게 매기려 하고 있고, 애플 같은 기업은 협력사에게 참여를 요구하고 있어요. 그래서 이제 재생 에너지를 쓰지 않는 기업은 미래 시장에서 점점 설 자리를 잃게 될 거예요.

PART3
사회

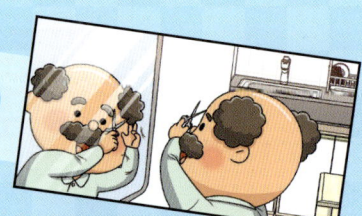

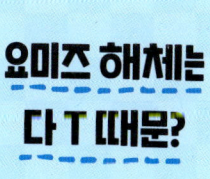

은둔형 외톨이
눅눅한 강냉이를 위한 용기

 어휘 엿보기

- **대인 기피증**(對人 忌避症) 다른 사람을 상대하는 것을 꺼리거나 싫어하여 피하는 증상
- **은둔형 외톨이**(隱遁型 외톨이) 정신적인 문제나 사회생활에서 받는 스트레스 등으로 사회적인 교류나 활동을 거부한 채 집에만 머무는 사람
- **사회적 관계**(社會的 關係) 두 사람 이상이 서로 연결되어 맺는 인간 사이의 다양한 관계
- **피해망상**(被害妄想) 사실이 아닌데도 남이 자기에게 해를 입힌다고 생각하는 마음 상태

캄보디아로 끌려간 은둔형 외톨이

사회적 관계를 단절한 채 장기간 혼자 지내는 사람들을 뜻하는 '은둔형 외톨이' 문제가 또 다른 사회 문제로 이어지고 있습니다. 6개월 동안 아무도 만나지 않고 홀로 컴퓨터 게임만 하던 나다까 씨가 온라인 취업 사기에 속아 캄보디아로 떠난 뒤, 갖은 고초를 겪은 일이 발생했습니다. 그는 현지에서 범죄 조직에 끌려가 고문을 당했다고 합니다. 감시하던 조직원이 한눈을 파는 사이 탈출에 성공한 나다까 씨는 "혼자 지내다 보니 세상 돌아가는 일을 잘 몰라 그런 제의가 위험하단 생각을 하지 못했다"라며 "밖으로 나가 인간 관계를 맺는 것이 필요하다고 생각한다"라고 말했습니다. 이러한 범죄 피해와 은둔형 외톨이 문제가 직접적인 상관관계가 있는 것은 아니지만, 사회에 경종을 울리는 사례로 삼아야겠습니다.

신문 해설

은둔형 외톨이는 최소 6개월 이상 혼자 지내며 사회적 접촉을 극단적으로 피하는 현상이나 행동을 말해요. 일본에서 먼저 사회 문제로 떠올랐지만, 최근 10년 사이 우리 사회에서도 심각한 문제로 자리 잡았어요. 청소년 중에도 이런 어려움을 겪는 이들이 많아졌으며, 은둔형 외톨이로 지내는 청소년은 게임에 몰두하다 게임 중독으로 이어지기도 해요.

은둔형 외톨이가 되는 이유는 다양해요. 어릴 때 겪은 가정 내 학대 경험이 사회적 관계를 맺기 어렵게 하거나, 학교나 직장에서 상처를 받은 뒤 이런 생활에 빠지는 경우도 있어요. 일부는 자폐성 정신 질환 등으로 관계 형성에 어려움을 겪어 은둔 생활을 하기도 하지만, 대다수는 학교나 사회생활에서 생긴 부적응과 괴리감이 원인이라고 해요. 이 문제를 해결하려면 사회의 꾸준한 관심과 지원이 필요하지요.

"청년들이 은둔형 외톨이가 되는 건 너무 나약해서 그래. 자녀 수가 적다 보니 부모님이 어릴 때부터 너무 오냐오냐 키운 탓이지. 요즘 젊은 세대는 스스로 문제를 해결하고 도전하는 정신이 부족해!"

똑똑한 맞대결

"은둔형 외톨이로 지내는 사람들만 탓해선 안 돼요. 이런 문제에는 분명 사회 구조적인 원인이 있어요. 이들이 다시 사회로 돌아오게 하려면 사회의 관심과 실질적인 지원이 필요해요."

 똑똑한 문제와 정리

● **은둔형 외톨이와 관련해 틀린 것 두 가지를 고르세요.**

① 청소년 은둔형 외톨이는 게임 중독과 관련 있으며, 서로 영향을 주고받기도 한다.
② 어린 시절 받은 가정 학대가 원인이 되기도 한다.
③ 1인 가구의 증가는 아무런 관련이 없다.
④ 1인 가구는 점차 숫자가 감소하고 있다.

● **다음 빈칸을 채우세요.**

다른 사람을 상대하는 것을

꺼리거나 싫어하여 피하는 증상을

☐ ☐ ☐ ☐ ☐ 이라고 한다.

교과서 상식 백과

1인 가구의 증가가 은둔형 외톨이 문제와 관련이 있다는 지적이 있어요. 2024년 기준 1인 가구는 약 804만 가구로, 전체 가구의 36.1%를 차지하고 있어요. 가족 형태의 변화에 따른 사회적 현상이지만, 이로 인한 여러 문제도 함께 나타나고 있어요.

노년층의 경우 홀로 지내다 생을 마치는 '독거사'로 이어지기도 해요. 청년층의 1인 가구 비율이 높은 지역은 대도시이며, 이들 중 일부가 은둔형 외톨이로 지내고 있다고 해요. 은둔형 외톨이는 정신 건강과 밀접한 관련이 있어서 지방 자치 단체 차원에서 1인 가구 중 취약층을 지원하는 사업을 추진하는 곳이 늘고 있답니다.

님비 현상

쓰레기 소각장
절대
반대

알롱 마스크가 거절한 이유

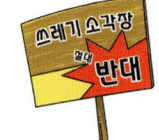

요미시는 세계 어디에도 없는 놀라운 도시였어. 아이부터 어른까지 훌륭한 시민들이 살아가고, 세계적인 기업이 자리하고 문화를 선도하는 도시였지.

요미초등학교에 다니는 아이들만 봐도 다들 개성 있잖아. 우등생 오여름은 학원을 여러 개 다니지만 지치지 않고 집에 와서 또 공부했대.

"난 오로지 일등이 목표거든요."

김서아는 아침부터 저녁까지 쉴 새 없이 먹는 아이였지.

"체력은 국력이란 말 아세요? 요즘은 식욕이 국력이에요."

세계 음악 시장을 이끌어가는 아이돌 그룹 요미즈가 처음으로 활동을 시작한 곳도 요미시였고, 훗날 세계적인 기업으로 성장한 요미상사 역시 이곳에서 사업을 시작했었지. 이런 훌륭한 인재들이 모여 사는 곳이니 얼마나 평화롭겠어? 그런데 요미시가 점점 망가지기 시작했어.

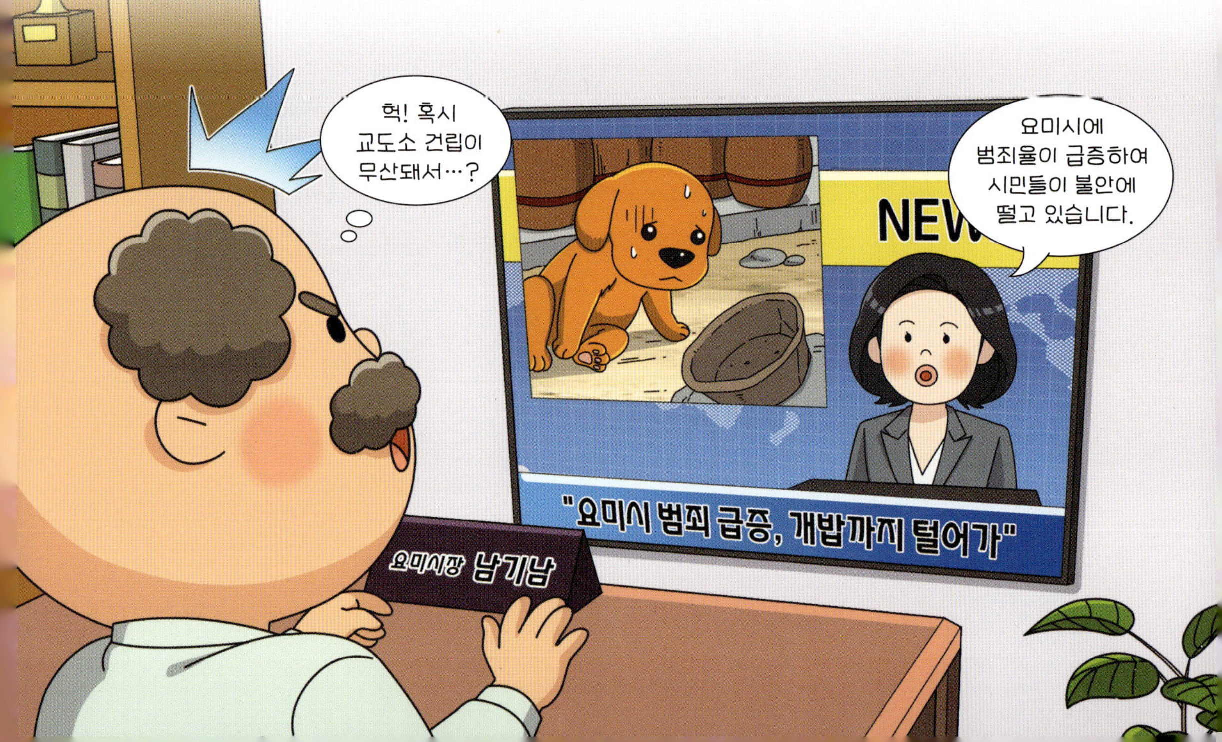
헉! 혹시
교도소 건립이
무산돼서…?
요미시에
범죄율이 급증하여
시민들이 불안에
떨고 있습니다.
NEW
"요미시 범죄 급증, 개밥까지 털어가"
요미시장 남기남

남기남이 정치인이 되려고 마음먹은 때가 시작이었지. 하루는 남기남이 '쓰레기 소각장 반대!'라고 적힌 피켓을 들고 일인 시위를 했어.

"소각장은 우리 지역에 설치하면 안 돼요! 냄새나잖아요!"

요미시 시민들이 남기남을 향해 응원의 목소리를 높였어.

"옳소! 힘내서 끝까지 싸워 주세요!"

딱 한 명, 나다까 씨만 남기남을 말렸어. 은둔형 외톨이 생활에서 벗어나 사회에 뛰어든 나다까 씨의 첫 목소리였지.

"무조건 반대하면 안 되므니다. **님비 현상**은 좋을 게 없으므니다!"

결국 소각장은 세워지지 않았고, 요미시는 쓰레기로 뒤덮이고 말았지. 얼마 뒤, 남기남은 이번엔 '교도소 건립 반대' 시위를 벌였어.

"우리 지역에 범죄자를 들일 순 없어요!"

"**혐오 시설**이라도 다 반대하면 안 되므니다!"

이번에도 나다까 씨가 말렸지만, 시민들은 끝내 남기남의 편을 들었고 교도소 설치는 무산돼 버렸어. 시간이 지나자 **수용**할 곳이 없어진 범죄자들이 모두 풀려나면서 요미시는 순식간에 범죄 도시로 변했지. 그러자 시민들이 이번에는 남기남을 비난하기 시작했어. 위기감을 느낀 남기남은 상황을 뒤집어보려 했지.

"세계적인 기업가 알롱 마스크의 기업을 유치하면 인기가 회복될 거야!"

시민들은 남기남의 말을 듣고 열광했어. **핌피 현상**이 나타난 거야. 하지만 남기남의 전화를 받은 알롱 마스크는 고개를 절레절레 저었다고 해.

"Yomi City? Oh no! It's dirty."

요미시는 이미 세계에서 가장 더러운 도시로 소문나 버린 모양이야. ★

쓰레기 소각장 대신 지하철역을 달라!

요미시의 새로운 쓰레기 소각장 설치는 결국 무산되었습니다. 소각장 건립에 찬성한 시민 단체 '다쓸어'의 김요미 회장은 "소각장을 더 만들지 않으면 점점 늘어나는 쓰레기를 처리할 방법이 없다"고 주장했지만, 시민들의 극심한 반대에 부딪혔습니다. 시민들은 김요미 회장의 주장에는 공감하면서도, 자신의 거주지 인근에 소각장이 들어서는 것은 반대한다는 입장이었습니다. 요미시에 사는 한소희 씨는 "내 집 앞에 쓰레기 소각장은 절대 안 된다"며 "그 대신 지하철역을 만들어 달라"고 말했습니다. 요미시의 지하철 노선은 단 한 개뿐인데, 추가 노선 신설을 두고 시민들 모두 자신의 거주지를 통과하길 바라고 있습니다. 이에 대해 요미시 당국은 지하철 노선 신설과 관련해 아직 어떠한 공식 입장도 내놓지 않고 있습니다.

👆 신문 해설

2029년 3월, 지체 장애 학생을 위한 특수 학교인 성진학교가 서울특별시 성동구에 개교할 예정이에요. 현재 서울시에는 32개의 특수 학교가 있지만, 성동구에는 한 곳도 없어요. 이 때문에 성동구에 사는 장애 학생들은 먼 곳으로 통학해야 했지요. 이런 사정으로 특수 학교 설립이 추진됐지만, 쉽지 않았어요. 처음에는 주민들의 강한 반대에 부딪혔지만, 점차 인식이 바뀌며 설립이 본격화됐지요. 이런 갈등은 님비 현상의 대표적 사례예요. 님비 현상이란 '내 집 뒷마당은 안 된다(Not In My Back Yard)'라는 뜻으로, 혐오 시설이나 유해 시설 설치를 거부하는 태도를 말해요. 대표적으로 원자력 발전소, 특수 학교, 쓰레기 소각장, 화장장, 하수 처리장 등이 이에 해당해요. 이런 시설이 들어서면 거주 환경이 나빠지고 부동산 가격이 떨어진다고 생각하기 때문이에요.

"님비 현상을 나쁘게만 보면 안 돼요. 자신이 사는 지역의 환경과 안전을 지키려는 건 당연한 권리잖아요. 이런 시설은 충분히 납득할 수 있는 기준을 세우고, 주민 모두가 동의하는 곳에 세워야 해요."

"사회를 유지하려면 꼭 필요한 시설들이 있잖아요. 누군가는 불편할 수 있어도, 모두의 안전과 편의를 위해서는 어느 정도 감수해야 해요. 그래서 서로 이해하고 조금씩 양보하는 태도가 필요해요."

똑똑한 문제와 정리

● 님비 현상과 관련해 틀린 것 두 가지를 고르세요.

① 지하철역이 설치되면 지역 경제가 활성화되므로 핌피 현상이 일어난다.
② 핌피 현상은 지역 이기주의와 관련 있다.
③ 사람들은 하수 처리장을 거주지에 설치하고 싶어한다.
④ 이익이 되는 시설을 자기 집 인근에 설치하려는 현상을 님비 현상이라고 한다.

● 다음 빈칸을 채우세요.

 은 혐오, 유해 시설을 자신이 사는 지역 내에 설치하지 않으려 거부하는 태도를 말한다.

교과서 상식 백과

님비 현상과 반대되는 말은 '핌피 현상'이에요. 핌피 현상은 'Please In My Front Yard'의 약자로, 지역 주민들이 이익이 되는 시설이나 사업을 자기 지역에 유치하려는 집단적 행동을 뜻해요. 지하철역이나 대형 병원, 대학교, 첨단 산업 단지 같은 시설이 들어서면 지역 경제가 살아나고 부동산 가격도 오르거든요. 이러한 이익을 얻기 위해 지방 자치 단체들끼리 치열하게 경쟁하기도 하고, 그 과정에서 반목과 대립이 생겨 갈등으로 번지기도 해요. 공공 자원의 배분 문제와 얽혀 정작 정책을 추진하는 기관이 곤란을 겪기도 하지요. 그래서 핌피 현상도 지역 이기주의의 한 형태로 여겨져요.

학벌주의
난생처음 백 점을 맞은 김서아

아이들이 세상에서 가장 싫어하는 게 뭔지 알아? 바로 친구랑 비교당하는 거야. 그날 아침, 김서아는 등교도 전에 엄마 한소희에게 불려갔어.

"서아야, 오여름은 수학 세 개밖에 안 틀렸대. 넌 세 개만 맞혔잖아. 대체 어쩌려고 그러니?"

"어쩌긴요! 다음에 성적 오를 일만 남았죠."

다음 날, 등굣길에 마주친 오여름에게 김서아는 괜히 시비를 걸었어.

"오여름! 나 어제 아빠랑 동물원 갔다 왔다! 부럽지?"

"난 놀이동산 갔다 왔는데?"

"애개, 고작? 동물원이 훨씬 재미있거든."

"놀이동산에 동물원도 있는데?"

기분이 상한 김서아는 집에 와서 괜히 엄마에게 짜증을 부렸어.

"엄마는 공부 잘했어요? 그래서 좋은 대학 나왔어요?"

히히, 최고로 높게 쌓아야지!

서아가 공부하느라 얼마나 힘들겠어요?

어쩔 수 없어요. 이게 다 서아를 위해서라고요!

딸의 갑작스러운 공격에 한소희는 움찔했지만, 금세 표정을 바꿨어.

"학벌주의라는 말 몰라? 좋은 대학을 나와야 대접받는 세상이야. 그러니 지금부터라도 사교육을 더 하자. 여름이는 수학이랑 영어 학원 말고도 다른 학원도 다닌대."

그날 이후, 김서아는 오여름보다 학원을 두 곳 더 다니게 되었어. 밤늦게야 돌아오는 딸을 본 아빠 김영우가 걱정스레 말했지.

"벌써부터 과도한 경쟁을 하는 아이들을 보니 너무 안쓰러워요."

하지만 한소희는 멈출 생각이 없었어.

"지금부터 사교육을 하지 않으면 교육 격차가 심해질 거예요. 요즘은 유치원 들어가는 것도 경쟁이라잖아요. 입시 경쟁만큼 치열하다고요."

한소희의 단호한 말투에 김영우는 더 이상 아무 말도 하지 못했어.

그리고 드디어 단원 평가 날이 왔어. 이번에는 국어, 수학, 영어 세 과목을 봤어. 한소희는 학교 앞에서 김서아를 기다리다, 오여름과 함께 나오는 딸을 봤지. 그런데 이게 웬일이야? 오여름은 울상인데, 김서아는 신나서 이죽이죽 웃고 있었어.

"서아야, 시험은 잘 봤어?"

"히히, 오여름은 세 개 틀렸는데, 난 백 점이에요, 백 점!"

김서아가 자랑스럽게 시험지 세 장을 내밀었어. 그런데 시험지를 본 한소희의 얼굴이 일그러졌어. 그러면 그렇지! 오여름은 세 과목을 합쳐서 틀린 게 세 개뿐이었는데, 김서아는 국어 40점, 수학 30점, 영어 30점이었어.

"이게 뭐야? 백 점이 아니잖아!"

"합치면 백 점! 히히, 어쨌든 백 점이면 됐죠!" ★

수업 시간 외에 6시간 더 공부?

최근 실시된 초등학교 대상 학습 평가에서 요미초등학교가 매우 우수한 성적을 거둔 것으로 나타났습니다. 수학 시험에서 평균 82점을 기록했으며, 영어 시험에서는 평균 87점을 받았습니다. 이러한 성과에 대해 교육전문가 김요미 씨는 "우수한 성적이 나온 것은 반가운 일이지만, 마냥 좋은 현상만은 아니다"라며 "요미초등학교 학생들은 과도한 공부량과 지나친 사교육에 시달리고 있다"며 안타까움을 표했습니다. 김요미 씨가 분석한 자료에 따르면, 요미초등학교 학생들은 평균 세 곳의 학원에 다니며, 학교 수업 외에 하루 약 6시간 정도를 추가로 공부하는 것으로 조사되었습니다. 이번 평가에서 영어와 수학 모두 30점대에 머물러 평균 점수를 낮춘 김서아 양은 "이런 과도한 학습 환경은 없어져야 할 현상"이라고 주장했습니다.

 신문 해설

학벌주의는 개인의 능력보다 출신 학교를 더 중시하는 사회 현상이에요. 같은 학력이라도 어느 학교, 어떤 학과를 나왔는지를 따지는 풍토이지요. 이는 학벌에 따라 사회적 지위나 기회가 달라질 수 있다고 믿기 때문이에요. 이런 학벌주의는 대학 서열화와 치열한 입시 경쟁을 불러와요. '어느 대학을 나왔느냐'가 사회적 지위를 결정한다고 생각해 많은 학생이 과도한 사교육에 내몰리기도 하지요.

한편 학벌주의를 옹호하는 사람들도 있어요. 이들은 학벌이 곧 능력을 의미하며, 능력이 인정받는 사회가 되어야 한다는 논리를 펴지요. 하지만 능력은 학벌과 무관하고, 이런 풍토는 대학 입학이나 자격증 합격, 좋은 직장 입사 같은 목표만 넘으면 인생이 달라질 거라 믿게 만드는 '문턱증후군'을 심화시킨다는 비판도 있어요.

"학벌은 그 사람이 쌓아 온 노력의 결과라고 생각해. 공정한 경쟁 속에서 얻은 학벌은 인내와 실력을 증명하는 기준이 되지. 그러니 검증된 인재에게 더 많은 기회를 주는 건 사회 발전에도 이롭다고 봐."

똑똑한 **맞대결**

"학벌은 능력을 증명하는 기준이 될 수 없다고 생각해요. 출신 학교보다 개인의 실력과 인성을 보는 게 더 공정하죠. 진짜 발전은 다양한 재능이 인정받는 사회에서 가능하다고 봐요."

📝 똑똑한 문제와 정리

● **맞으면 〇, 틀리면 ✕ 하세요.**

① 학벌주의는 치열한 경쟁을 막아 준다. ☐

② 학벌은 능력이나 실력과 비례한다. ☐

③ 학벌주의는 출신 학교보다 개인의 능력을 더 중시하는 사회 현상이다. ☐

● **다음 빈칸을 채우세요.**

대학이나 직장 등의 문턱만 넘으면

인생이 달라질 것이라고 생각하는 현상을

☐☐☐☐☐ 이라고 한다.

 교과서 상식 백과

학력과 학벌이 좋다고 해서 모두 다 성공하는 것은 아니에요. 사회적으로 큰 성공을 거둔 사람들 중에는 특별한 학력이나 학벌이 없는 경우도 많아요. 미국의 대표적인 방송인 오프라 윈프리는 테네시주립대학을 중퇴했어요. 자신이 잘할 수 있는 일을 찾아 노력한 끝에 최고의 방송인으로 성장했지요. 천재 골퍼 타이거 우즈, 애플을 창립한 스티브 잡스, 마이크로소프트의 창업자 빌 게이츠도 대학을 중퇴하고 자신이 잘할 수 있는 일에 집중해 성공했어요. 이들이 성공할 수 있었던 것은 당시 미국 사회가 학력이나 학벌보다 개인의 능력과 도전을 더 중요하게 여겼기 때문일 거예요.

디지털 격차
스님도 못 깎는, 제 머리 깎은 남자

흠, 이제 노 키즈 존으로 됐군. 이발 좀 해 볼까?

요미 미용실
beauty salon

노키즈존

와~

키오스크를 이용하시면 돼요.

헉, 이게 뭐지?

이건 뭐지? 요샌 다 **디지털**로 되어 있어서 너무 불편하군.

펌   컷

안절   부절음

이건 선택할 수 있지.

에센스   머리감기

모발만 감기   정수리도 감기

스윽   다음

후유, 뭐가 뭔지 모르겠어. 다른 데서 깎아야겠다!

하하하, 다음에 올게요.

결제수단

아, 배고파! 점심 먹고 머리 깎자!

무인 라면

118

키오스크가 범인?

최근 한 식당에서 손님끼리 다툼이 벌어져 한 손님이 부상을 입는 사건이 발생했습니다. 사건의 중심에는 무인 정보 단말기인 키오스크가 있었습니다. 요미시에 사는 남기남 씨는 식당에 들어가 음식을 주문하려 키오스크 앞에 섰지만, 고령이라 사용법을 몰라 오랜 시간 그 앞에 서 있었습니다. 그 사이 남기남 씨 뒤에는 요미즈의 리더 고소희 씨가 줄을 서서 순서를 기다리게 되었습니다. 남기남 씨는 여러 번 화면을 눌러 봤지만 주문이 되지 않아 약 20분 동안 씨름했다고 합니다. 이에 참다못한 고소희 씨가 "제가 먼저 할게요. 저리 좀 비켜 봐요"라며 밀었고, 남기남 씨는 균형을 잃고 옆으로 쓰러지며 부상을 입었습니다. 부상을 입은 남기남 씨는 자신을 밀친 고소희 씨보다 오히려 키오스크를 더 원망하고 있다고 합니다.

👆 신문 해설

디지털 격차는 디지털 기술과 서비스의 이용이나 접근에서 생기는 사회적 불평등을 말해요. 디지털 기술과 서비스가 가장 발달한 우리나라에서는 이런 현상이 더욱 두드러지게 나타나요. 기술 발전 속도가 너무 빠르다 보니 이를 따라가지 못하는 계층이 생기는 거예요. 특히 고령층, 장애인, 저소득층, 농어촌 지역 주민 등이 취약하지요. 이들은 대형 마트나 은행, 식당 등에서 키오스크나 온라인 금융 서비스를 이용하지 못해 불편을 겪기도 해요. 특히 70대 이상 고령층의 디지털 정보화 수준은 전체 국민의 30~55% 수준에 불과하다고 해요. 시각·청각 장애인 등은 무인 정산기와의 소통에 어려움을 겪기도 하지요. 이런 디지털 격차로 인해 취약 계층은 공공 서비스 이용, 일자리 기회, 사회적 소통 등에서 불이익을 받게 되고, 사회 속에서 소외되기 쉽지요.

"키오스크가 얼마나 간단한데 그걸 사용할 줄 모르다니요! 디지털 기술이 일상의 기본이 된 만큼, 나이에 상관없이 스스로 배우려는 노력이 중요해요. 변화에 맞춰 적극적으로 대응하는 자세가 필요하다고요."

똑똑한 **맞대결**

"나도 배우려고 노력하지만 쉽지 않아. 나 같은 고령층이 배울 수 있도록 디지털 기기 사용법을 가르치는 교육이 많아지면 좋겠어. 또 시각이나 청각이 불편한 사람들을 위한 기기도 꼭 필요하다고 생각해."

똑똑한 문제와 정리

● 맞으면 〇, 틀리면 ✕ 하세요.

① 디지털 범죄 때문에 디지털 격차가 발생한다. ☐

② 디지털 기술이 발달할수록 디지털 격차는 줄어든다. ☐

③ 고령층, 장애인, 저소득층이 디지털 기술이나 서비스에 더 취약하다. ☐

● 다음 빈칸을 채우세요.

정부 기관이나 은행, 식당, 극장 등에 설치된 무인 디지털 단말기를 ☐☐☐☐ 라고 한다.

교과서 상식 백과

디지털 격차 외에도 다른 디지털 문제들이 있어요. 스마트폰에 과하게 의존하거나, 디지털 범죄에 쉽게 노출되는 면이 있지요. 2023년에 10대 청소년들을 조사한 바에 따르면 스마트폰 사용 시간은 주당 평균 12.6시간에 달하며, 숏폼 동영상 플랫폼 이용률도 73.5%에 이른다고 해요. 디지털 성범죄 피해 사례도 급증하고 있지요. 2020년 기준 10대 피해자가 전체의 24.2%를 차지하고, 개인정보 침해, 사이버 폭력 등도 꾸준히 증가하고 있어요. 이런 디지털 문제를 해결하기 위해서는 예방 교육과 플랫폼 기업의 책임을 강화하는 등의 구체적 정책이 필요하다는 의견이 많아요.

알파 세대와 베타 세대
요즘 애들은 참! 말세야!

요미즈의 리더 고소희는 자신을 **MZ 세대**의 상징이라고 생각했어. 기획사 사장이 부당한 지시를 내리면 언제나 당당하게 맞섰고, 불공정하다고 느끼면 주저 없이 따졌지. 한 번은 기획사 사장이 홍어 칼국수 광고를 채수빈에게만 맡기려 하자, 촬영장으로 달려가 외쳤어.

"잠깐만요! 채수빈만 찍는 건 아니죠! 나도 찍을래요!"

고소희는 열정적으로 몸을 흔들며 노래를 부르기 시작했어.

"후루루 짭짭~ 코가 뻥! 콧물이 줄줄~ 줄줄 흐르는 면발~"

촬영이 끝난 뒤, 고소희는 영상을 짧게 편집해 자신의 SNS에 올렸어.

"후후, 난 디지털에 익숙한 MZ 세대! 이제 모두 내 춤을 따라하겠지?"

그런데 집으로 돌아가던 길에, 거리에서 자신이 올린 영상을 보고 깔깔대는 아이 둘을 보게 됐어.

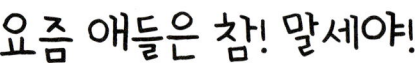

"깔깔깔! 여름아, 이것 봐! 이게 홍어 칼국수 광고래. 춤도 노래도 엉망이야! 절대 안 사 먹고 싶게 만드는 영상이야."

화를 참지 못한 고소희가 다가가서 물었어.

"야, 지금 뭐라고 했니?"

"네? 춤도 못추고, 노래도 못부른다고요!"

"그래? 그거 나인데, 너무하잖아!"

그러자 김서아가 휴대 전화를 꺼내 고소희를 찍더니 곧장 SNS에 올렸어.

'실시간 고소희 목격! 실물이 더 별로임!'

그 모습을 본 고소희는 발끈하며 한마디 던졌어.

어휘 엿보기

- **MZ 세대**(MZ 世代)
'밀레니얼 세대'와 'Z 세대'를 아울러 이르는 말로 대체로 1980년 초~2010년 사이에 태어난 사람들을 가리키는 말
- **알파 세대**(Alpha 世代)
스마트폰이 대중화된 이후인 2010년부터 2024년 사이에 태어난 아이들을 가리키는 말
- **말세**(末世)
어이없거나 이해하지 못할 사회 현상·사람들의 모습에 대해 크게 한탄할 때 쓰는 표현
- **인공 지능**(人工 知能, AI)
사람처럼 스스로 생각하고, 배우고, 문제를 해결하는 기능을 갖춘 컴퓨터 시스템
- **베타 세대**(Beta 世代)
2025년부터 2039년 사이에 태어난 세대

"알파 세대는 더 직설적이라더니! 요즘 애들은 참 **말세**야, 말세! SNS 좀 줄여, 정신 건강에도 안 좋아!"

김서아는 고소희를 무시하고 갈 길을 갔어. 그때 저 멀리서 유모차에 탄 아기가 웃는 모습이 보였어. 엄마는 보이지 않고 유모차만 덩그러니 놓여 있었어. 갓난아기 손에는 휴대 전화가 들려 있었지. 갑자기 아기가 휴대 전화에 대고 울기 시작했어. 그러자 **인공 지능**이 대답했지.

"아가야, 진정해! 신나는 동요를 들려줄까?"

김서아가 아기를 달래려고 안아 올리자, 아기는 더 크게 울며 휴대 전화를 떨어뜨렸어.

"잉, 나를 거부하는 거야?"

김서아는 휴대 전화를 주워서 다시 아기 손에 쥐여 주었어. 아기는 금세 웃으며 화면에 대고 옹알거렸지. AI와 함께 자라는 **베타 세대** 아기였어. 그 모습을 보며 김서아가 피식 웃었지.

"요즘 애들은 말세야, 말세!" ★

알파 세대 팬을 버린 MZ 세대 아이돌

젊은 세대 간의 갈등이 커지며 사회 문제로 번질 조짐을 보이고 있습니다. MZ 세대의 상징으로 불리는 요미즈 리더 고소희 씨가 자신의 팬층인 알파 세대를 향해 더는 팬으로 남지 않아도 된다는 발언을 했기 때문입니다. 고소희 씨는 "알파 세대인 김서아는 팬을 자처하면서도 정작 만났을 때 나를 피하고, 휴대 전화 속의 요미즈만 바라봤다"라며 "디지털에만 빠져 있는 알파 세대와는 소통할 수 없다"고 했습니다. 김서아 양은 "우리 알파 세대는 디지털이 더 익숙하다"며 "고소희의 실물과 영상 속 모습이 너무 달라서, 혹시 영상이 AI로 만든 건 아닌지 의심돼 계속 보게 됐던 것"이라고 말했습니다. 한편 MZ 세대는 밀레니얼(M) 세대와 Z세대를 통칭하는 용어로, 2025년 기준 10대 중반부터 40대 초반까지가 해당합니다.

신문 해설

세대는 특정한 시기 안에서 공통된 사회적·문화적·역사적 경험을 공유하는 집단을 일컬어요. 세대마다 즐기는 문화가 다르고, 그에 따라 사고방식이나 생활 습관도 달라지지요. 이런 세대 간의 차이를 서로 이해하지 못하면 사회 문제가 되기도 해요. 그래서 세대를 사회적 특성에 따라 구분하고, 각 세대의 특징을 분석하지요. 알파 세대는 2010년부터 2024년까지 태어난 세대를 말해요.

이 세대는 스마트폰, 태블릿PC, 소셜 미디어 등과 함께 자라난 첫 번째 세대예요. 디지털 기기와 온라인 플랫폼에 익숙하고, 정보를 쉽게 찾고 소통할 수 있는 환경에서 자랐어요. 베타 세대는 2025년부터 2039년까지 태어날 세대를 가리켜요. 베타 세대는 알파 세대보다 더 발전된 기술 환경에서 성장하며, 인공 지능과의 소통이나 가상현실 활용이 자연스러운 일상이 될 거예요.

"나이 차이가 그렇게 많이 나는 것도 아닌데 의사소통이 잘 안 되니까 이제는 알파 세대랑 말도 섞기 싫어요. 게다가 알파 세대는 디지털을 좀 더 잘 다룬다고 해서 자기들이 더 잘난 줄 안다니까요?"

똑똑한 **맞대결**

"세대 간에 갈등이 생기면 좋을 게 없지. 나 같은 고령 세대는 젊은 세대에게 구식이라며 비판받았어. 그래도 난 내 생각을 바꾸고 다른 세대와 소통하려고 노력했지. 그게 시대의 흐름을 따라가는 방법이야."

📝 똑똑한 문제와 정리

● **세대 문제와 관련해 틀린 것 두 가지를 고르세요.**

① 알파 세대는 2010년부터 2024년까지 태어난 세대를 일컫는다.

② 베타 세대는 알파 세대보다 더 이른 세대이다.

③ 알파 세대는 베타 세대와 달리 디지털 기술 환경을 접하지 못했다.

④ MZ 세대는 밀레니얼과 Z세대를 묶어 부르는 말이다.

● **다음 빈칸을 채우세요.**

진보된 디지털 기술 환경에서 자라게 되어 AI와 가상현실 같은 환경이 일상이 되는 세대를 ☐☐☐☐ 라고 한다.

💡 교과서 상식 백과

세대 간에 서로 소통이 잘되지 않거나 서로를 불신하는 현상을 '세대 문제'라고 해요. 세대 문제는 세대 간 가치관, 경험, 경제적 조건의 차이로 인해 나타나는 사회적 갈등과 불신 현상을 말하지요. 이런 문제의 원인은 일자리, 소득, 주거 등 경제적 현실이 세대별로 다르고, 젊은 세대가 기성세대가 만든 제도와 구조에 불만을 느끼기 때문이에요.

세대마다 경험이 달라 생기는 가치관 차이로 인해 서로를 이해하지 못하고, 고정관념이나 편견이 강화되기도 해요. 세대에 따라 정치적 견해가 다르게 나타나기도 해서 정치적 이슈가 커질 때 심한 사회 갈등으로 이어지기도 하지요.

신조어 남발
치킨을 오조오억 개 먹으면 오다망!

김서아의 영어 시험지를 보던 한소희가 김영우에게 물었어.

"당근을 영어로 쓰라는 이 문제, 서아가 맞힌 거 아니에요?"

시험지에 김서아는 '물론이지'라는 뜻의 'Sure'를 써 놓았던 거야.

"당근은 영어로 'carrot'이잖아요. '당연하다'를 자꾸 '당근'이라 하니 헷갈린 거죠. **신조어**를 너무 많이 쓰면 **문해력**이 저하되고 안 좋아요."

한소희는 치킨 다리를 집어 들다가 화를 내며 김서아를 불렀어.

"김서아, 아빠 말 들었지? 이제 신조어 쓰지 말고 **표준어**를 사용해!"

그러자 김서아가 양손을 허공에 흔들며 버릇없이 굴었어.

"어쩔티비~ 저쩔티비~."

한소희는 무슨 말인지 몰라서 고개만 갸웃거렸고 김서아는 벌떡 일어나 밖으로 나갔어. 요미24 편의점에 간 김서아는 그곳에서 남기남 사장이 채수빈

을 혼내는 모습을 보았어.

"과자랑 음료수가 말을 해서 무서워서 일을 못 했다니, 그게 말이 돼?"

"진짜라니까요! 푸키먼빵이 후니버터칩에게 저를 보고 '갓생'이라 했어요."

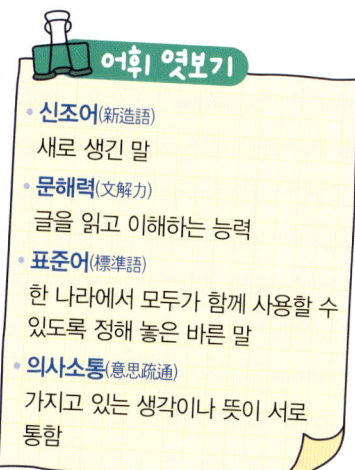

"갓생? 갓 태어났다는 거야?"

"신을 뜻하는 '갓(God)'에 '날 생(生)' 자를 붙여서 부지런하고 성실하다라는 뜻이에요."

"말도 안 되는 소리! 음료수들이 싸웠다는 건 또 뭐야?"

"'솔의 귀'가 자신이 제일 맛있다고 하자, '아침 묵은쌀'이 '오조오억'이라며 비웃었어요. 너 같은 음료수는 아주 흔하다는 뜻이죠. 그랬더니 솔의 귀가 다시 아침 묵은쌀한테 '억까하네!' 라며 소리쳤어요."

"억까?"

"억지로 깐다는 뜻이잖아요. 이런 말도 모르다니 세대 간에 **의사소통**이 전혀 되지 않네요."

김서아는 집으로 돌아가 편의점에서 들은 이야기를 엄마에게 전했어.

"엄마, 요즘 사람들은 다 신조어를 써. 그런데 왜 나만 못 쓰게 해?"

한소희는 대답할 말이 떠오르지 않아 괜히 윽박질렀어.

"안 된다면 안 되는 줄 알아!"

한소희는 치킨 여섯 조각째를 집어 들었다가 한숨을 쉬며 말했어.

"후유, 오다망!"

김서아가 고개를 갸웃거리며 물었어.

"오다망? 그게 무슨 말이야?"

한소희가 이번에는 자신 있게 대답해 주었지.

"어휴, 어휘력 좀 길러. '오늘 다이어트 망했다'란 뜻이잖아!"

알고 보니 한소희가 신조어 달인이었던 거야. ★

삼귀다가 킹받고 갑분싸?

최근 시민들의 언어생활에 문제가 있다는 지적이 나오고 있습니다. 전문가들은 특히 초등학생의 무분별한 신조어 사용이 문해력 저하로 이어질 수 있다고 우려합니다. 올해 초등학생들 사이에서 유행한 신조어엔 '킹받다', '어쩔티비', '삼귀다', '갑분싸' 등이 있는데 기성세대는 그 뜻을 쉽게 알아차리지 못하는 경우가 많았습니다. 각각 '매우 화가 난다', '어쩌라고, 나는 상관없다', '사귀기 전 단계', '갑자기 분위기가 싸하다'는 뜻으로 쓰입니다. 이렇게 신조어를 무분별하게 사용하다 보니, 최근 실시한 국어 시험에서 요미초등학교 학생들은 평균 62점을 기록했습니다. 한편 MZ 세대도 '기대한 것 이상으로 잘했다'는 의미의 '갓다살', '매운 음식'을 뜻하는 '위쑤시개' 같은 신조어를 자주 사용하는 것으로 나타났습니다.

위쑤시개

신문 해설

신조어를 남발하는 언어생활을 우려하는 목소리가 있어요. 신조어는 새로 만들어진 단어 중 표준어로 등재되지 않은 말을 뜻하는데, 무분별하게 신조어를 쓰다 보면 표준어가 훼손되거나 의사소통에 혼란이 생길 수 있다고 하지요.

표준어는 한 나라에서 공용어로 쓰이는 언어로, 우리나라에서는 교양 있는 사람들이 두루 쓰는 현대 서울말을 가리켜요. 신조어는 기존 단어를 결합하거나, 단어에 새롭고 독특한 접두사나 접미사를 붙여 만들어지기도 해요. 준말이나 두문자어를 통해, 기존 단어와 의도적으로 운율을 맞추거나 단순히 소리를 가지고 놀면서 생기기도 하지요. 인터넷과 SNS를 통해 만들어지는 신조어는 시대의 모습을 잘 반영하는 경우가 많아요. 하지만 무분별하게 쓰면 우리말의 가치가 훼손되고 문해력이 떨어질 수 있다고 해요.

"신조어를 쓰지 말라니 킹받네! 내가 신조어를 쓰든 말든 어쩔티비 저쩔티비! 언어는 고정되어 있지 않대. 신조어가 유행을 타서 널리 쓰이면 새롭게 표준어로 등재되기도 하잖아. 그러니 마음껏 써도 돼!"

"난 그런 말 쓰기 싫어. 듣기에도 괴상하고 바른 말도 아니잖아. 자꾸 신조어를 쓰다 보면 정작 표준어가 어떤 말이었는지 헷갈릴 것 같아. 아름다운 우리말을 지키기 위해선 신조어를 삼가야 해."

 똑똑한 문제와 정리

● 맞으면 ○, 틀리면 ✕ 하세요.

① 사투리와 신조어는 만들지도 말고 쓰지도 말아야 한다. ☐

② 신조어는 새로 탄생한 말이므로 표준어로는 절대 등재될 수 없다. ☐

③ 사투리는 지역 공동체의 전통을 보여 주는 소중한 언어 자산이기도 하다. ☐

● 다음 빈칸을 채우세요.

한 나라에서 공용어로 쓰는 말로 우리나라에서는 교양 있는 사람들이 두루 쓰는 현대 서울말을 ☐☐☐ 라고 한다.

 **교과서 상식 백과**

사투리는 신조어와는 달라요. 어느 한 지방에서만 쓰는, 표준어가 아닌 말을 뜻해요. 특정 지역에서 사용되는 고유한 언어 표현을 가리키며, 방언과 같은 의미로 쓰이지요. 사투리는 그 지역의 문화와 특색을 반영하며, 발음·단어·어미·말투 등에서 표준어와 차이가 있어요. 신조어처럼 일시적으로 만들어진 말이 아니라, 언어가 지역마다 달라지면서 생긴 표현이에요. 또한 사회 계층이나 연령 등 여러 요인에 따라 세분화되기도 하지요. 사투리는 신조어와 달리 지역 공동체의 전통을 보여 주는 소중한 언어 자산이며, 소통에도 큰 지장이 없어요. 오히려 문화적 풍요로움을 더해 주는 언어이지요.

카 푸어족
내일이 없는 김서아 가족

🧪 **어휘 엿보기**

- **명품족**(名品族) 고급 브랜드 제품인 명품을 선호하고 구매하는 사람들을 가리키는 말
- **카 푸어족**(car poor族) 자신의 소득이나 생활 수준에 비해 감당하기 어려운 비싼 자동차를 무리해서 구입해 생활이 어려워진 사람들을

일컫는 말
- **과소비**(過消費) 돈이나 물품 따위를 지나치게 많이 쓰거나 사는 것
- **욜로족**(YOLO族) 현재의 행복과 즐거움을 가장 중요하게 생각하는 사람

요미시 외제차 등록 40% 급증

　최근 요미시에 거주하는 시민들의 외제차 구입이 급증하고 있다는 소식입니다. 요미시에 등록된 외제 차량은 전년에 비해 45% 늘었는데, 이들 차량 대부분이 8,000만 원이 넘는 고가의 외제차라고 합니다. 경제전문가 김요미 씨는 "이런 현상이 무척 우려스럽다"라며 "요미시의 가구당 소득은 전년 상반기 대비 평균 20% 하락했는데, 소득이 줄었는데도 고가의 차량을 소비하는 가구가 많아진 것은 기현상"이라고 했습니다. 최근 외제차 DWM을 구매한 김영우 씨는 "월급을 받아도 남는 것이 없다"라며 "차량 할부금에 기름값 같은 유지비를 제하고 나면 가족 식비 정도밖에 남지 않는다"고 했습니다. 그런데도 고가의 외제 차량을 구매한 이유에 대해서는 "남들에게 부자처럼, 멋지게 보이고 싶었다"라고 답했습니다.

신문 해설

　카 푸어족은 소득에 비해 고가의 외제차를 대출 등 무리한 방법으로 구입하는 20~30대 청년층을 일컫는 신조어예요. 월세를 살고 저임금에 머물면서도 비싼 차량을 가진 경우가 많으며, 버는 소득 대부분을 차량 유지비에 쓰지요. 이들은 경제적 부담을 안고도 카 푸어족이 되는 이유에 대해 '좋아하는 걸 누리며 살고 싶어서'라고 말해요. 하지만 카 푸어족의 심리에는 고가의 차량으로 사회적 인정을 받고 싶다는 허영심이 숨어 있다고 전문가들은 분석해요.

　한편 명품 브랜드 의류나 소품을 주로 소비하는 사람을 명품족이라 해요. 명품족은 품질보다 브랜드가 주는 사회적 상징성과 인지도를 더 중시하는 경향이 있어요. 이렇게 카 푸어족과 명품족이 늘어나는 건 단순한 소비 습관을 넘어, 경제적 불안을 보상받으려는 심리가 작용한 결과라고 해요.

"저축해서 아등바등 살면 뭐해요! 저도 한때는 저축도 하고, 아껴 쓰며 지내 봤지만, 부동산 가격이 너무 높아서 내 집을 마련하려면 몇십 년은 걸릴 거예요. 그럴 바엔 그냥 사고 싶은 거 사며 즐겁게 사는 게 낫죠."

똑똑한 맞대결

"위험한 소리! 현재의 행복도 중요하지만 미래도 준비해야지. 앞으로 무슨 일이 생길지 모르잖아. 그러니 저축도 하고 아껴 써야지. 하고 싶은 거 다 하고 흥청망청 살다 보면 나중에 고생하게 된다고!"

똑똑한 문제와 정리

● 소비 현상과 관련해 틀린 것 두가지를 고르세요.

① 예산의 범위 안에서 필요한 물건만 구매하는 것을 합리적 소비라고 한다.

② 과일을 많이 사는 것을 과소비라고 한다.

③ 돈이나 자원은 무한하므로 소비를 하는 데 위축되어서는 안 된다.

④ 이름나고 값비싼 의류나 소품을 주로 사서 이용하는 이들을 명품족이라고 한다.

● 다음 빈칸을 채우세요.

　　　　이란 말은 'You Only Live Once(인생은 한 번뿐)'의 약자로, 현재의 행복과 경험을 중시하며 소비와 삶을 적극적으로 즐기는 사람을 뜻한다.

 교과서 상식 백과

경제 활동을 할 때는 합리적으로 소비하는 것이 중요해요. 인간의 욕망은 끝이 없지만, 그 욕망을 충족시켜 줄 자원과 돈은 한정돼 있거든요. 물건을 살 때는 꼭 필요한 것만 구입해야 해요. 물건을 사기 전에 소비 계획을 세워 예산 범위 안에서 소비하고, 사고자 하는 물건의 가격과 품질, 성능 등을 미리 알아보는 것이 좋아요. 유행을 좇아 다른 사람을 따라 구입하거나, 타인에게 자랑하기 위해 물건을 사는 행동, 혹은 충동적으로 물건을 구매하는 행동은 합리적인 소비가 아니에요. 사려는 물건이 적절한 가격인지 따져보고, 꼭 필요한 물건을 구매히는 습관을 기르도록 해요.

SNS 중독
거북목 반민초가 남긴 댓글

찰칵! 찰칵! 찰칵!

요미즈 그룹 리더 고소희가 셀카를 찍는 소리가 끊이지 않았어. 활동이 없을 땐 오전 11시에 일어나 다섯 끼를 먹고, 밤 10시에 잠드는 게 일상이었지. 먹거나 잘 때를 빼면 늘 사진을 찍고 보정해 SNS에 올렸어.

눈을 뜨자마자 부스스한 얼굴로 셀카를 찍고 예쁘게 보정한 다음, '아침 햇살 같은 고소희'라는 제목으로 올렸지. 사진 속 고소희의 모습은 정말 아침 햇살처럼 산뜻하고 눈부셨어. 팬들은 댓글에 '고소희 햇살 여신!', '고소희, 눈부시다!'라고 남겼지. 그런데 그 밑에 **악플**이 달렸어.

'고소희, 얼굴 보정 심하네. 이중 턱 어디 감?'

흥! 악플을 아무리 달아도 다 지우면 그만이야.

고소희는 그 댓글을 지우고 아침상을 차렸어. 삼겹살 5인분, 공깃밥 세 그릇, 그리고 싱싱한 채소를 드레싱에 버무린 샐러드를 준비했지. 고소희는 삼겹살과 공깃밥은 살짝 밀어 두고, 샐러드만 찍어서 SNS에 올렸어. **SNS 중독** 환자 같았이.

'고소희, 아침 이슬 머금은 식사 준비 끝!'

그다음 샐러드는 멀리 치워 놓고, 삼겹살을 우걱우걱 먹었지. 다 먹고 나자 마트로 간식거리를 사러 나갔어. 가는 길에 단풍이 바닥에 떨어져 있었어. 고소희는 단풍과 함께 자신의 발을 찍은 뒤, 또 SNS에 올렸지.

outstarkgram

고소희 출연은 아무도 못 따라오겠네!

'내 발끝에 머문, 가을의 마지막 찬란함!'

댓글에 고소희를 칭찬하는 글이 달렸어. '감수성이 풍부한 아이돌이야!', '감수성마저 아름다운 고소희는 최고의 아이돌!'

그런데 거기에 또 나쁜 댓글이 달렸어. '고소희는 다 사기야! 음식에만 감수성이 넘치면서 **허영심**만 가득하지!'

고소희는 크게 신경 쓰지 않았어. 하루 종일 고개를 숙인 채 휴대 전화를 들여다보니 **VDT 증후군**에 시달렸어. 거북목이 된 고소희는 그런데도 멈추지 않았어. 먹을 때와 잘 때를 빼면 휴대 전화를 손에서 놓지 않았지. 그날도 기획사 사무실에서 짧게 편집한 영상인 숏폼 영상을 유튜브에 올리고 하품을 하고 있었어. 그런데 영상을 올리자마자 악플이 달렸지.

'춤 구리고, 노래 구리고!'

고소희가 댓글을 삭제하려는 순간, 옆자리의 반민초가 거북목을 한 채 휴대 전화를 계속 들여다보고 있는 게 보였어. 궁금해진 고소희는 뒤로 살짝 다가가 보았지. 반민초가 유튜브에 댓글을 달고 있었어.

'춤 구리고, 노래 구리고! 고소희 구리고!'

반민초도 디지털 중독이었어. 고소희와 다른 점이라면 온종일 고소희 계정에 흥보는 댓글을 달고 있었던 거지. ★

춤 구리고 노래 구리고!

outstarkgram

고소희 춤선은 아무도 못 따라오겠네!

춤 구리고, 노래 구리고, 고소희 구리고!

SNS 라이브 방송으로 들통나다!

아이돌 그룹 요미즈의 리더 고소희의 SNS 계정에서 작은 소동이 벌어졌습니다. 고소희는 지난 새벽 SNS 라이브 방송을 진행했다고 합니다. 방송 직전 라면을 일곱 개나 끓여 먹은 고소희는 퉁퉁 부은 얼굴을 그대로 내보이는 것은 팬들에 대한 예의가 아니라 생각해 영상 보정 장치를 켰다고 합니다. 그러나 라이브 화면에 보정된 모습으로 등장한 고소희의 얼굴을 본 팬들은 "저렇게 날씬하다니, 이건 고소희가 아니야!"라며 놀라워하거나 "고소희 계정이 해킹된 거야!"라며 신고하기 시작했습니다. 이에 해당 SNS 회사가 보정 장치의 작동을 중단시켰고, 영상에는 고소희의 퉁퉁 부은 얼굴이 그대로 드러났습니다. 팬들은 이번에도 깜짝 놀란 반응을 보이며 라이브 방송을 모두 나가 버렸다고 합니다.

신문 해설

스마트폰으로 뉴스를 보고, SNS를 하고, 업무도 하다 보니 이제 스마트폰은 일상의 중심이 되었어요. 그러다 보니 스마트폰에 지나치게 의존하는 사람이 많아요. 스마트폰을 과도하게 사용하면 수면 부족과 집중력 저하가 나타나고, 대인 관계 문제 등이 생길 수 있어요. 특히 스마트폰 중독자 중에는 SNS에 빠진 사람도 많아요. SNS 중독이란 SNS 사용에 몰두해 일상이나 정신 건강에 부정적인 영향을 주는 상태를 말해요. SNS로 주로 대화하는 이들은 답장이 늦거나 연락이 뜸할 때 불안을 느끼기도 해요. 또 SNS로 자신의 일상을 올릴 때 실제 생활과는 다른 가장 멋지고 행복한 순간만 보여 주다 보니, 오히려 자신의 현실과 비교하며 열등감이나 우울감을 느끼기도 하지요. 이런 문제를 막으려면 스마트폰과 SNS 사용을 스스로 조절하는 게 중요해요.

"내가 SNS 중독이라고? 팬들이랑 소통하고, 요미즈를 홍보하고, 스케줄을 알리는 것도 다 SNS로 하잖아. 난 SNS 중독이 아니라, 그냥 열심히 일하는 거야. 나한텐 이게 일이니까!"

"나도 SNS 활동이 중요하다고 생각해. 하지만 SNS에만 몰두하는 건 좋지 않다고 봐. SNS 속 모습을 꾸미는 데 힘쓰는 것보다, 현실에서 스스로를 발전시키는 게 훨씬 더 중요하다고 생각해."

똑똑한 문제와 정리

● 맞으면 〇, 틀리면 ✕ 하세요.

① 스마트폰은 많이 사용할수록 면역이 생긴다. ☐

② 거북목 증후군은 디지털 기기 사용과는 관련이 없다. ☐

③ SNS 중독은 사람들에게 인정받고 싶어 하는 욕구인 인정 중독과 관련 있다. ☐

● 다음 빈칸을 채우세요.

☐☐☐☐☐☐ 은 장시간 동안 모니터를 보며 키보드를 두드리는 작업을 할 때 생기는 각종 신체적, 정신적 장애를 뜻한다.

 교과서 상식 백과

디지털 질병은 컴퓨터나 스마트폰 등 디지털 기기 사용으로 인해 발생하는 신체적·정신적 건강 문제를 말해요. 대표적으로 VDT(Visual Display Terminal) 증후군, 손목 터널 증후군, 거북목 증후군, 안구 건조증 등이 있어요.

목과 어깨, 손이 저리거나 눈이 쉽게 피로해지고, 손가락의 감각이 이상하게 느껴지기도 하지요. 이런 디지털 질병은 디지털 기기를 오래 사용하거나 잘못된 자세로 사용할 때, 또는 같은 동작을 반복할 때 생겨요. 디지털 질병을 예방하려면 스트레칭을 자주 하고 올바른 자세를 유지하며, 디지딜 기기 사용 시간을 스스로 조절하는 것이 중요해요.

수도권 집중
집값과 바꾼 치킨 ||마리

한소희가 소파에 앉아 졸고 있던 김영우를 발로 툭 차서 깨웠어.

"여보, 이 집에서 사는 건 너무 힘들어요. 우리 다시 이사 가요!"

"어디로요?"

"서울이나 그 근처 수원, 안양 같은 도시로요."

김영우는 한소희의 말이 한심하게 느껴졌어. 비싼 차와 명품을 사느라 늘 빠듯한데, 수도권 집값은 훨씬 비싸서 집을 구하기가 쉽지 않을 게 뻔했거든. 그래서 다른 핑계를 댔어.

"**수도권 집중**이 심각해요. 다들 서울 근처로 몰리니까 지방 도시는 **인구 유출**이 심해져서 지방 소멸이란 말까지 나오잖아요."

한소희가 고개를 갸웃거렸어.

"그건 우리랑 상관없잖아요. 난 요미시가 지긋지긋하다고요!"

김서아도 엄마를 거들었어.

"나도 전학 가고 싶어요. 오여름이랑 떨어지고 싶단 말이에요."

김영우는 두 사람을 설득했어.

"요미시가 **성장 거점 도시**로 선정되었으니 지역 경제도 살아나고 좋아질 거예요."

"흥! 언제요? 이렇게 낡은 집에 우리를 계속 살게 두려는 거예요?"

"당장은 아니어도 몇 년 후엔 수도권으로 이사 가도록 해요. 우리가 더 허리띠를 졸라매고 노력하면 가능할 거예요."

어휘 엿보기

- **수도권 집중**(首都圈 集中)
  사람들이 서울을 중심으로 한 근처 지역(경기, 인천 등)에 많이 몰려 사는 것

- **인구 유출**(人口 流出)
  많은 사람들이 한 지역에서 다른 지역으로 옮겨 가서 그 지역에 사는 사람이 줄어드는 일

- **지방 소멸**(地方 消滅)
  어떤 지역의 인구가 줄어들어 마을이나 도시가 사라질 위험에 놓이는 현상

- **성장 거점 도시**(成長 據點 都市)
  정부가 특별히 지원하고 발전시켜 주변 지역까지 함께 성장할 수 있도록 이끄는 중심 도시

"여기서 더요? 나만큼 절약하는 사람이 또 어디 있다고!"

한소희는 화를 내며 벌떡 일어서더니 명품 가방을 들고 나가버렸지.

한편, 쉬는 날이던 김영우도 아르바이트를 하러 나섰어. 가족 몰래 치킨 가게 주방에서 닭을 튀기는 일을 하고 있었거든. 김영우는 주방으로 가서 닭을 튀기기 시작했어. 얼마 지나지 않아 첫 손님이 들어왔고, 사장님은 치킨 여덟 마리를 튀기라고 했어. 치킨을 내놓자, 손님이 먹는 소리가 들렸어.

아작아작! 냠냠! 쩝쩝!

손님은 순식간에 다 먹어 치우더니 추가로 주문했어.

"여기 세 마리 더요!"

김영우가 깜짝 놀라서 귀를 의심했어. 치킨 11마리를 혼자 먹다니! 이런 대식가와 결혼하면 가계가 쫄딱 망할 것이라고 생각했어. 한 마리 2만 원씩 11마리면 22만 원이잖아. 김영우는 슬쩍 고개를 내밀고 손님 쪽을 바라보았어.

"우아. 이 집 치킨 맛집이네요. 서른 마리도 먹을 수 있을 것 같아요!"

목소리의 주인공은 바로 한소희였지. 어이쿠! 당분간 수도권으로 이사 가긴 힘들 것 같지? ★

막을 수 없는 수도권 집중!

최근 요미시의 인구가 급격히 줄고 있습니다. 올해 요미시 인구는 전년 대비 25% 감소했으며, 주요 원인은 많은 이들이 수도권으로 이주했기 때문입니다. 요미시는 거주 환경이 나쁘지 않은 중소 도시이지만 일자리를 구하기 어렵고 문화 시설이 부족하다는 점 때문에 젊은 세대의 이탈이 심해지고 있습니다. 요미시에서 태어나 계속 거주 중인 김영우 씨는 "수도권으로 이사 가고 싶어도 부동산 가격이 너무 높아 엄두를 못 낸다"며 "사람들이 다 떠나면 지방은 소멸한다. 그래서 지방을 살리기 위해 계속 요미시에 남을 생각이다"라고 밝혔습니다. 반면 또 다른 주민 한소희 씨는 "요미시에는 교육 인프라가 너무 부족하다"며 "아이의 교육을 위해 여건이 되면 수도권으로 이사할 계획"이라고 밝혔습니다.

신문 해설

수도권은 서울특별시, 인천광역시, 경기도를 포함하는 지역으로 우리나라의 정치·경제·문화의 중심지예요. 주거 시설, 공공 기관, 학교, 문화 시설 등이 몰려 있어 인구의 상당수가 수도권에 살고 있지요. 2025년 9월 기준 수도권 인구는 약 2,609만 명으로, 전체 인구의 절반 이상(51.0%)을 차지해요. 이는 국토 면적 11.8%에 인구 50.6%가 집중된 것으로, OECD 국가 중 가장 높은 수준이에요. 이렇게 인구가 수도권에 쏠리다 보니 중소 지방의 소멸 위험도 커지고 있어요. 2024년 3월 기준 수도권을 뺀 소멸 위험 지역은 130곳, 고위험 지역은 57곳에 달해요. 출산율 감소와 고령화로 인구가 줄고, 일자리 부족으로 청년층이 수도권으로 이동하기 때문이에요. 지방의 인구를 지키려면 지역 경제를 살리고, 청년이 머물 수 있는 환경을 만드는 노력이 필요해요.

"요미시는 중소 도시라 그런지 불편한 점이 많아요. 빨리 수도권으로 이사 가고 싶어요. 이곳에 계속 살려면 아파트도 더 짓고, 큰 기업들도 들어와야 한다고 생각해요. 그런 변화가 없다면 이사할 거예요."

똑똑한 맞대결

"수도권이 꼭 살기 좋은 곳인 건 아니에요. 사람도 너무 많고 복잡하잖아요. 게다가 모두가 수도권으로 가버리면 지방은 결국 무너질 거예요. 우리라도 요미시에 남아서 살아야죠!"

📝 똑똑한 문제와 정리

● **맞으면 ◯, 틀리면 ✕ 하세요.**

① 대기업과 공공 기관의 지방 이전은 국토 균형 발전과 관련 있다. ☐

② 우리나라 정치, 경제의 중심 도시는 요미시이다. ☐

③ 인구 유출은 주로 대도시에서 중소 도시로 일어난다. ☐

● **다음 빈칸을 채우세요.**

지방의 인구가 유출되어 서울과 경기도, 인천광역시 등으로 인구가 몰리는 현상을 ☐☐☐☐☐ 이라고 한다.

💡 교과서 상식 백과

수도권 집중을 막기 위해 정부 공공 기관을 지방으로 이전하기도 해요. 이렇게 해서 만들어진 도시가 세종특별자치시예요. 세종특별자치시는 대한민국의 유일한 특별자치시로, 수도권 집중을 막고 국토의 균형 발전을 이루기 위해 계획된 도시이지요.

세종특별자치시로 지정되면서 정부서울청사와 정부과천청사에 나뉘어 있던 10부 3처 3청의 정부 기관이 정부세종청사로 옮겨졌어요. 해양수산부는 현재 정부세종청사에 있지만, 부산 이전을 위한 특별법이 통과돼 준비 중이에요. 이 밖에도 공공 기관의 지방 이전이 계속 추진되어 지역 경제 활성화 노력이 이어지고 있지요.

반려동물 시대
편의점을 찾은 반달가슴곰

어휘 엿보기

- **반려동물**(伴侶動物) 개, 고양이, 새처럼 사람이 외롭지 않게 함께 지내며 정을 나누는 동물
- **동물 유기**(動物 遺棄) 사람이 기르던 동물을 내다 버리는 일
- **동물 학대**(動物 虐待) 동물을 아프게 하거나 괴롭히는 일
- **동물 보호법**(動物 保護法) 동물을 학대하는 행위를 방지하고, 동물을 보호하기 위해 만든 법

길고양이 개체 수 증가로 갈등도 증폭!

　최근 요미시에 거리에서 생존하는 길고양이의 개체 수가 급증해 큰 사회 문제가 되고 있습니다. 정확한 집계는 아니지만, 한 조사 결과에 따르면 요미시의 길고양이 수는 전년보다 35% 늘어난 약 5,280마리로 파악되고 있습니다. 길고양이 개체 수 증가의 원인으로는 중성화가 제대로 이루어지지 않은 점과, 길고양이의 생존을 돕기 위해 사료를 주는 행동이 광범위하게 이루어지고 있기 때문이라고 합니다. 시민 단체 '길고양이 사수대'에서 활동하고 있는 오여름 양은 "지구는 사람만을 위해 존재하는 행성이 아니다"라며 "함께 살아가는 길고양이를 도와야 한다"는 입장을 밝혔습니다. 한편 김서아 양은 "길고양이들이 거리를 더럽히고, 시끄럽게 해 불편하다"라며 "모두 요미시 밖으로 쫓아내길 바란다"고 말했습니다.

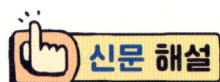

신문 해설

　반려동물을 키우는 인구가 점점 늘고 있어요. 2024년 말 기준 1,546만 명으로, 우리나라 총인구의 29.9%가 반려동물을 키우고 있지요. 반려동물을 키우는 가구는 591만 가구로 전체의 26.7%를 차지해요. 이 중 가장 많이 키우는 반려동물은 개, 그다음이 고양이예요. 반려견은 546만 마리, 반려묘는 217만 마리로 집계되었지요. 반려동물 양육 인구가 계속 늘어나는 이유로는 1인 가구 증가와 인식 변화가 꼽혀요.

　하지만 반려동물을 키우며 생기는 갈등도 있어요. 공동 주택에서는 배변이나 소음 문제로 갈등이 늘고 있고, 동물 학대범에 대한 강한 처벌 논의도 이어지고 있어요. 맹견은 외출 시 목줄 등 안전 관리 의무가 강화되었지요. 또 반려동물을 잃어버리거나 유기하는 경우도 많아요. 2023년에는 11만 3,072마리가 유기되거나 잃어버렸다고 해요.

"길고양이들은 우리와 함께 살아가는 생명이야. 이곳은 사람만의 공간이 아니라 길고양이들의 삶의 터전이기도 해. 쫓아내기보다 함께 살아갈 방법을 찾아야지. 그래서 난 계속 사료를 주고 돌봐줄 거야."

똑똑한 **맞대결**

"네가 자꾸 사료와 물을 주니까 길고양이가 더 늘어나잖아. 야생 동물은 원래 자기 힘으로 살아야 해. 고양이를 싫어하는 사람도 있고, 거리도 지저분해지니까 도와주는 게 오히려 문제를 더 키우는 것 같아."

 똑똑한 문제와 정리

● 반려동물, 동물 학대와 관련해 옳은 것 두 가지를 고르세요.

① 맹견은 외출할 때 입마개를 하고 목줄은 안 해도 된다.
② 1인 가구가 증가하며 반려동물 양육 가구도 증가하고 있다.
③ 반려동물 관련 직업이 유망한 직업으로 떠오르고 있다.
④ 개를 키우는 인구보다 고양이를 키우는 인구가 더 많다.

● 다음 빈칸을 채우세요.

☐☐☐☐☐ 은 동물을 학대하는 행위를 방지하고, 동물을 보호하고 관리하기 위하여 만든 법이다.

💡 **교과서 상식 백과**

반려동물과 함께하는 인구가 늘어나면서 반려동물 관련 직업이 주목받고 있어요. 관련 직업에는 수의사, 동물간호사, 미용사, 훈련사, 장례지도사, 펫시터, 행동 교정사 등 다양한 직업이 있지요. 최근에는 펫푸드 전문가, 반려동물 사진사, 동물보호보안관 등 새로운 분야도 등장하고 있어요. 이 중 훈련사는 반려동물의 행동을 교정하고 교육하는 일을 하는데, 반려동물에 대해 공부를 많이 해야 해요. 동물랭글러는 영화나 방송, 광고 등에 출연할 반려동물을 섭외하고 훈련시키는 직업이에요. 동물을 매개로 사람의 마음을 돌보고 치유해 주는 **동물** 매개 치유사도 있답니다.

MBTI 검사
요미즈 해체는 다 T 때문?

"선배, 뭐 하고 있어?"

반민초가 기획사 사무실에 들어왔을 때 깜짝 놀랐어. 고소희가 종이에 뭘 적고 있었거든. 평소에 손을 쓰는 건 음식 먹을 때뿐이었으니 놀랄 만했지.

"나? MBTI 검사하는 중이야. 요즘 이게 인기잖아."

검사를 마친 고소희는 SNS에 'ISFP'라고 올렸어. 그건 성격이 내향적이고 성실하며 따뜻한 감성을 가진 겸손한 사람이란 뜻이기도 했지. 썩 어울리진 않았지만, 고소희는 꽤 만족스러워 보였어. 그제야 식탁에 앉아 도시락을 먹기 시작했어. 그때 채수빈이 허겁지겁 달려오더니 외쳤어.

"얼른 연습실로 가야 해! 지각하면 혼난단 말이야."

그 소리에 고소희가 급히 몸을 돌리다가 팔꿈치로 도시락을 건드려 버렸어. 도시락은 그대로 바닥으로 쏟아졌지. 고소희는 눈물을 왈칵 쏟으며 울었어.

"엉엉, 내 아까운 도시락! 내 밥알들아, 반찬들아! 이렇게 너희와 헤어지는구나!"

채수빈은 고소희를 달래지도 않고 재촉했어.

"밥은 나중에 먹고 얼른 가자!"

그 말에 고소희가 눈물을 뚝 그치고 소리쳤어.

"너, T야? 난 감정이라곤 손톱만큼도 없는 T랑은 같이 지낼 수 없어!"

고소희가 요미즈를 탈퇴하겠다고 하자, 기획사 김 실장이 말렸어.

"그 검사를 너무 믿지 마. **신뢰도**와 **타당도**를 확실히 장담할 수 없단 말이야. 너무 MBTI 결과에만 의존하면 **대인 관계**가 멀어질 수도 있어."

하지만 고소희는 마음을 돌리지 않았어. 결국 기자 회견을 열어서 요미즈 그룹에서 탈퇴하고, 개인 활동을 하겠다고 발표했지. 기자 회견장은 북새통이었어. 세기의 아이돌 그룹이 해체된다는 소식에 수많은 기자들이 몰렸거든. 고소희가 비장한 표정으로 말했어.

"저는 T랑은 함께할 수 없어요. 저처럼 감성이 풍부한 사람은 냉정한 사람과는 맞지 않거든요. 그래서 탈퇴하려 합니다!"

그런데 뒤쪽에서 기자들이 밀치는 바람에, 맨 앞에 있던 기자가 비틀거리며 앞으로 넘어지더니 바닥에 코를 찧었어. 코피가 팡 터졌지. 주위의 기자들이 놀라서 부축하고 닦아 주려는데, 고소희가 화를 내며 외쳤어.

"제 기자 회견장에서 무슨 소란이에요? 당장 나가 주세요!"

그러자 기자 회견장에 있던 기자들이 일제히 고소희를 바라보며 동시에 외쳤어.

"고소희, 너 T야?" ★

어휘 엿보기

• **MBTI 검사**(MBTI 檢査)
  사람의 성격을 알아보는 심리 검사
• **신뢰도**(信賴度)
  같은 조건에서 반복해서 측정했을 때 결과가 일관되게 나타나는 정도
• **타당도**(妥當度)
  검사나 측정 도구가 실제로 측정하려는 대상을 얼마나 정확히 측정하는지를 나타내는 정도
• **대인 관계**(對人 關係)
  사람과 사람 사이의 사회적·심리적 관계

요미상사, 직원 채용을 MBTI 검사로!

최근 요미시의 대표 기업인 요미상사에서 MBTI 검사를 직원 채용에 활용하겠다는 공고를 내 논란이 되고 있습니다. 이 아이디어는 요미상사의 한소희 대리가 낸 것으로 알려졌습니다. 한소희 대리는 "요미상사가 원하는 인재상은 나처럼 밝고 적극적이며 아이디어가 풍부한 사람이다"라며 "MBTI 검사를 통해 이런 유형에 해당하지 않는 지원자는 모두 걸러낼 것"이라고 밝혔습니다. 이에 채용 지원자 김요미 씨는 "MBTI 검사를 했더니 ISTP로 나왔다"라며 "나처럼 내향적인 사람은 뽑히기 어려울 것 같아 검사를 살짝 조작해볼까 고민 중이다"라고 말했습니다. 하지만 MBTI 검사는 재검사 시 결과가 달라지는 등 신뢰도가 낮고, 이를 채용 과정에 사용하는 것은 부적절하다는 지적이 나오고 있습니다.

👆 신문 해설

MBTI 결과를 맹신하면 안 돼요. MBTI는 성격 유형을 16가지 유형으로 단순화해 자신을 이해하는 데 어느 정도 도움은 되지만, 과학적 근거가 부족해요. 검사 과정에서도 오류가 생기기 쉬워요. 검사 당일의 기분이나 자신에 대한 고정관념에 따라 주관적으로 답할 수 있기 때문이에요. 심리학계에서도 MBTI의 타당성과 신뢰성에 의문을 제기하는 이들이 많아요.

성격은 단순히 외향과 내향으로 나눌 수 없는데, 이런 이분법적 질문 방식 자체가 문제라는 지적이 많지요. 또한 그 경계가 모호하다는 한계도 있어요. 게다가 MBTI는 서구 문화에 기반해 만들어져 다른 문화권에 그대로 적용하기 어렵다는 의견도 있어요. MBTI 결과를 지나치게 믿으면 자신이나 타인에 대해 선입견을 갖게 되고, 진로나 인간관계에서도 시야가 좁아질 수 있어요.

"직원을 채용할 때 MBTI 검사를 활용하면 더 효율적일 것 같아요. 모든 기업에는 원하는 인재상이 있잖아요? MBTI를 이용하면 지원자의 성향을 미리 파악해, 회사가 찾는 인재를 더욱 쉽게 찾을 수 있을 거예요."

"MBTI 검사로 직원을 뽑는 건 바람직하지 않아요. 이 검사는 사람의 성격을 단순한 유형으로 나누지만, 인간은 그보다 훨씬 복잡하니까요. 채용 과정에선 지원자의 경험과 역량을 보는 게 더 중요하다고 생각해요."

📝 똑똑한 문제와 정리

● **맞으면 ○, 틀리면 ✕ 하세요.**

① 성격 유형 검사는 신뢰도가 낮아도 된다. ☐

② MBTI 검사는 100% 정확하다. ☐

③ MBTI 검사는 사람의 성격 유형을 16가지로 분류해 놓았다. ☐

● **다음 빈칸을 채우세요.**

같은 조건에서 같은 대상을 반복해서 측정했을 때, 결과가 비슷하게 나오는 정도를 ☐☐☐ 라고 한다.

💡 교과서 상식 백과

MBTI는 미국의 심리학자 캐서린 쿡 브릭스와 그녀의 딸인 이자벨 브릭스 마이어스가 칼 융의 심리유형 이론을 바탕으로 만든 성격 유형 검사예요. 캐서린 브릭스는 딸의 남자친구를 보고 딸과 잘 맞을지 궁금해 연구를 시작하게 되었다고 해요. 두 사람은 사람의 성향을 네 가지 지표(E/I, S/N, T/F, J/P)로 나누어 16가지 유형으로 구분했어요. E는 외향, I는 내향, S는 감각, N은 직관, T는 사고, F는 감정, J는 판단, P는 인식을 뜻하며 이를 조합해 개인의 성격 경향을 살펴보려 한 것이지요. 하지만 검사 결과가 일관되지 않고, 과학적 근거가 부족해 신뢰도기 낮다는 논란이 있답니다.

PART4
문화

#빼앗긴 국가유산 #문화 상대주의
#한국 음식의 세계화 #한류 관광 자원 #세계 축제
#유행병 #문화유산 보존 #스포츠 사회학
#한국 콘텐츠 인기 #손흥민 현상 #올림픽

01

프랑스 도서관에
잠입한 나다까

02

나다까 씨는
맛있을까?

03

묵은지가 부른 참을 수
없는 합창

04

악귀 아이돌이
망친 한류

05

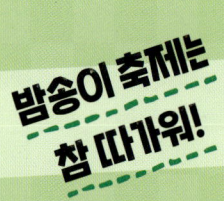

밤송이 축제는
참 따가워!

06

강가에서 마주친
새로운 유행

07

무량수전 기둥을
대패질하라!

08

나이 많은
스포츠 신동의 탄생

09

칸 영화제에서 펼친
한소희의 명연기

10

미국으로 이적한
손흥민의 기술

국가대표 마라톤에
도전한 김영우

11

빼앗긴 국가유산
프랑스 도서관에 잠입한 나다까

전 세계를 돌아다녔지만, 이 소녀상은 원래 자리에 되돌려 놓아야겠스므니다!

짝

그 대신 노벨 평화상을 받기 위해 우리나라의 **국가유산**를 찾아와야겠스므니다!

불끈

흠, 프랑스 파리로 가야겠스므니다! 거기에?

가쟝!

왕실 행사를 기록한 **조선왕실의궤**가 담긴 **외규장각** 도서가 있스므니다!

앗

병인양요 때 훔쳐 간 한국의 고서적이 어디 있스므니까?

봉주르!

	Belgrade	Berlin
11:10	Baghdad	19:20	Bogota
12:20	Bangkok	20:30	Bratislava
13:30	Barcelona	21:40	Brussels
14:40	Beijing	22:50	Bucharest
15:50	Amsterdam	00:00	Belgrade

내가 기필코 찾아오리다!

🔖 **어휘 엿보기**

- **국가유산**(國家遺産) 사람이 만들거나 자연에서 생긴 것으로, 다음 세대에 물려줄 만큼 가치가 큰 유산

- **조선왕실의궤**(朝鮮王室儀軌) 조선 시대 왕실에서 행해신 숭요한 의식이나 행사의 내용을 기록한 책

- **외규장각**(外奎章閣) 1782년에 정조가 강화도에 설치한 왕실 도서관

- **병인양요**(丙寅洋擾) 대원군의 가톨릭 탄압으로 고종 3년(1866)에 프랑스 함대가 강화도를 침범한 사건

프랑스 문화유산이 아니라 놋쇠 요강?

요미시의 유일한 대학인 요미대학 박물관에서 프랑스의 것으로 보이는 문화유산이 발견돼 소동이 일었습니다. 이 유물은 놋쇠로 된 단지로, 요미시로 반출된 시기와 경위는 밝혀지지 않았습니다. 문화유산 전문가를 자처하는 나다까 씨는 "우리의 많은 문화유산이 약탈되었고, 약탈해 간 나라들로부터 되돌려 받기 위한 노력을 기울이고 있다"라며 "요미시가 프랑스의 문화유산을 약탈한 것이라면, 요미시도 즉시 되돌려 주어야 한다"고 목소리를 높였습니다. 하지만 반전이 있었습니다. 전문가의 감정 결과 이 놋쇠 단지는 프랑스의 문화유산이 아니라 수십 년 전 요미시의 한 가정에서 사용하던 요강 단지인 것으로 드러났습니다. 이에 나다까 씨는 "프랑스로 돌려주지 않아도 되어 다행"이라는 반응을 보였습니다.

신문 해설

독일 베를린국립미술관에는 이집트 네페르티티 왕비의 조각상이 있어요. 영국박물관에는 그리스의 '파르테논 마블스'가 전시되어 있고요. 프랑스 박물관에는 아프리카 문화재가 9만 점 넘게 있다고 해요. 다른 나라의 문화재가 영국이나 프랑스로 간 데에는 역사적인 이유가 있어요. 영국과 프랑스가 아시아와 아프리카 여러 나라를 식민지로 삼을 때, 그 나라의 문화재를 약탈해 간 거예요.

우리나라도 19세기 말 많은 문화재를 빼앗겼어요. 국외소재문화유산재단에 따르면, 현재 전 세계 29개 나라에 우리 문화유산 24만 6천 점이 흩어져 있고, 그중 일본이 44.6%를 가지고 있다고 해요. 우리나라는 잃어버린 문화유산을 되찾기 위한 노력을 계속하고 있어요. 2011년에는 병인양요 때 프랑스가 가져간 '외규장각 의궤'가 장기 임대 형식으로 돌아왔지요.

"남의 나라 문화유산을 빼앗은 건 분명 잘못이야. 하지만 지금 와서 영국이나 프랑스 같은 나라에 돌려 달라 하긴 어렵지. 오랫동안 그들이 보관해 왔고, 이제는 그 나라 역사의 일부가 되었으니까."

똑똑한 **맞대결**

"당연히 되돌려 주어야지! 자기 나라의 박물관에 전시하는 문화유산은 자기 나라 것으로 하면 되지, 왜 남의 나라 것으로 해? 또 약탈해 간 것이니 그건 범죄나 마찬가지야. 그러니 되돌려 주는 게 맞아."

 똑똑한 문제와 정리

● 우리나라가 빼앗긴 문화유산과 관련해 틀린 것 두 가지를 고르세요.

① 몽유도원도는 임진왜란 때 일본이 가져갔다.

② 우리의 빼앗긴 문화유산은 일본에 가장 많다.

③ 우리 문화유산은 대부분 협상에 의해 빼앗겼다.

④ 외규장각 의궤는 영국이 임진왜란 때 가져갔었다.

● 다음 문장을 읽고 빈칸을 채우세요.

☐☐☐☐ 은 사람이 만들거나 자연에서 생긴 것으로, 다음 세대에게 물려줄 만한 가치가 있는 모든 것을 말한다.

💡 **교과서 상식 백과**

우리 문화유산은 임진왜란, 병인양요, 일제 강점기 등 여러 시기에 해외로 유출되었어요. 임진왜란 때 일본으로 넘어간 문화유산에는 고려 시대의 대표적인 불화인 '수월관음도'와 조선 초기 화가 안견이 그린 '몽유도원도' 등이 있어요.

이 외에도 서적, 도자기, 불상 등 많은 유물이 약탈되었고, 한국 전쟁 때는 미군정이 많이 가져가기도 했지요. '몽유도원도'는 1447년, 세종대왕의 셋째 아들인 안평대군이 꿈속에서 본 무릉도원의 환상적인 풍경을 안견이 3일 만에 그린 조선 시대 대표 산수화예요. 현재 일본의 덴리대학 도서관에서 소장하고 있으며 연구 반환이 확정되었다고 해요.

문화 상대주의
나다까 씨는 맛있을까?

　나다까 씨는 프랑스 파리국립도서관에 무단 침입했다가 추방된 후, 귀국하기 전 아마존의 정글 지대로 들어갔었어. 아마존의 자연환경을 지키기 위한 목적 외에 다른 목적도 있었지.

　자신의 인생 목표를 노벨 평화상 수상으로 정하기 전, 나다까 씨는 수많은 책을 읽으며 세상을 공부했어. 세계의 민족과 나라는 무수히 많고, 그들마다 문화도 서로 달랐어. 다양한 문화를 두루 공부하며 세계에 대해 이해해야만 노벨 평화상을 탈 수 있다고 생각했지.

　"**힌두교**를 믿는 인도에서는 소를 신성하게 여겨 도축하지 않으므니다. 그런데 **이슬람교**에서는 돼지고기를 먹으면 안 되므니다."

　나다까 씨는 아마존 정글 지대에 남아 있는 원주민의 삶을 체험해 보고 싶었어. 그래서 그 길로 떠났던 거지.

하지만 나다까 씨는 곧 잘못된 선택을 했다고 생각했어. 정글은 덥고 습한 데다 벌레가 너무 많았거든. 온몸이 벌레에 물려 퉁퉁 부었고, 결국 하늘이 빙빙 도는 것 같더니 숲에 쓰러지고 말았어. 눈을 떴을 때, 누군가 곁에서 그를 지켜보고 있었어.

"당신들은 누구시므니까?"

그들은 까무잡잡한 피부에 나뭇잎과 동물의 털 같은 것으로 몸의 일부만 가리고 있었어. 나다까 씨를 향해 아주 환한 웃음을 짓고 있었지. 나다까 씨는 원주민들이 자신을 반갑게 맞아 준다고 생각했어. 그도 그럴 것이 원주민들이 진흙으로 범벅이 된 나다까 씨를 깨끗하게 목욕시켜 줬거든.

"감사하므니다!"

그다음엔 미끌미끌한 기름 같은 것을 몸에 발라 주었어.

"오, 이것은 벌레에 물린 곳을 치료하는 약이므니까?"

"그건 아니오! 고기를 잘 익게 하는 거지요."

대답을 한 사람은 백인이었어. 그는 자신을 **인류학자**라고 소개했어.

"이곳에서 **문화 상대주의**를 연구하고 있지요!"

"아, 문화는 우열을 따질 수 없고 서로 존중해야 한다는 거?"

그때 원주민들이 불을 지폈어. 그런 다음 통나무에 나다까 씨를 꽁꽁 묶는 거야. 나다까 씨가 깜짝 놀라 소리쳤지.

"왜 이러므니까? 날 먹으려는 것이므니까?"

"맞아요! 이 원주민들은 식인 문화를 가지고 있거든요. 문화의 상대성을 존중해 주셔야죠!"

나다까 씨는 눈물 콧물 흘리며 살려달라고 애원했다고 해. ★

식인 풍습의 희생양이 될 뻔!

요미시에 거주하는 나다까 씨가 아마존 열대 우림 지역으로 갔다가 큰 봉변을 당하고 가까스로 구출되었습니다. 나다까 씨는 아마존 정글 지역의 식인 풍습을 가진 원주민들에게 붙잡혀 하마터면 바비큐 신세가 될 뻔했다고 합니다. 그럼에도 불구하고 나다까 씨는 원주민들의 식인 풍습을 나쁜 것이라고 비난할 수 없다는 입장을 밝혔습니다. 그는 "서구 문명은 대단한 기술의 발전을 이루었지만, 자연을 파괴한 반면, 아직 야만의 상태에 머물러 있는 그들은 오히려 자연과 조화를 이루며 살고 있었다"고 말했습니다. 나다까 씨는 인류학에 대한 관심이 커져 이번 일을 계기로 보다 진지하게 공부할 계획이라고 밝혔습니다. 다만 인류학 탐구를 위해 다시 아마존 열대 우림 지역으로 갈 생각은 없다고 덧붙였습니다.

👆 신문 해설

문화에는 절대적인 기준이 있고, 절대적으로 우월한 특정 문화를 기준으로 다른 문화를 평가해 우열을 가리는 것을 문화 절대주의라고 해요. 17세기 유럽에서 계몽사상이 중시되면서 나타난 흐름으로, 주로 서유럽 사회가 자신들의 문화를 우수한 문화로 여겼어요. 그래서 유럽 열강이 아시아, 아프리카, 중남미 등으로 식민지를 확장할 때 식민 지배를 받는 나라와 민족의 문화를 열등하게 보는 경향이 있었어요.

이 같은 문화 절대주의는 여러 제국주의 국가의 탄생으로 이어졌어요. 19~20세기 영국, 독일, 프랑스, 일본, 미국 등은 자신의 정치·경제적 힘을 다른 국가로 확장하려는 정책을 폈는데, 이를 '제국주의'라고 해요. 반면 특정 문화가 우월하지 않으며, 각 문화를 그 환경과 맥락에서 이해하려는 입장을 문화 상대주의라고 하지요.

"문화의 우열을 가릴 수 없다고요? 천만에! 우리 식문화와 인도의 식문화를 비교해 봐요. 우리는 숟가락과 젓가락을 사용해서 식사를 우아하게 하잖아요. 인도는 손으로 먹고요! 어휴, 더러워라!"

똑똑한 맞대결

"인도에서 손으로 먹는 데는 여러 이유가 있어요. 오른손을 성스럽게 여겨 오른손으로만 식사하며, 손으로 먹는 행위를 자연과 하나 되는 의식으로 봐요. 또 식사 전에는 손을 깨끗이 씻어 청결을 유지해요."

똑똑한 문제와 정리

● **맞으면 ○, 틀리면 ✕ 하세요.**

① 문화 절대주의와 제국주의는 상관관계가 있다. ☐

② 유럽 열강들은 자신들이 식민 지배한 민족의 문화를 존중했다. ☐

③ 인간과 문화를 총체적으로 연구하는 학자를 인류학자라고 한다. ☐

● **다음 빈칸을 채우세요.**

특정 문화가 우월하지 않고 각각의 문화를 그 환경과 맥락에서 이해하는 것을 ☐☐☐☐☐☐ 라고 한다.

교과서 상식 백과

우리 사회는 다문화 가정이 늘고, 거주하는 외국인 수도 크게 증가했어요. 다문화 가정이 겪는 어려움 중에는 언어와 문화의 차이가 많다고 해요. 그런데 이런 어려움은 특히 아시아나 아프리카 계열의 다문화 가정에서 주로 나타나요. 우리나라 국민 중에는 아시아와 아프리카 계열의 민족이나 나라에 대해 문화적으로 열등하다고 인식하는 사람들이 있기 때문이지요. 이런 인식은 인종 차별로 이어지기도 해요. 세계적인 인류학자 클로드 레비스트로스는 자신의 저서 〈슬픈 열대〉에서 '문명은 발전을 뜻하지 않고, 야만이 곧 미개함을 의미한다'라는 생각이 잘못된 것이라고 주장했어요.

한국 음식의 세계화
묵은지가 부른 참을 수 없는 합창

나다까 씨를 구한 것은 요미상사의 김영우 과장이었어. 김영우 과장은 아마존 정글을 헤매다 구조대에 의해 가까스로 구출되었는데, 우연히 멀리서 피어오르는 연기를 보고 바비큐가 되기 직전의 나다까 씨를 발견한 거야. 나다까 씨가 고개를 숙여서 인사했어.

"감사하므니다! 세계에 이렇게 다양한 음식이 있는 줄 몰랐으므니다!"

김영우 과장이 요미시로 돌아온 후 남기남 사장에게 제안한 것은 아마존 정글에서의 일이 떠올랐기 때문이야.

"최근에 한국 음식이 세계적으로 인기가 많다고 해요. 삼겹살 바비큐부터 김치, 비빔밥, 김밥, 자장면 등 모두 인기 폭발이래요. 한국 음식을 **세계화**하면 성공하지 않을까요?"

"그거 좋은 생각이군!"

주최) 요미상사
행사) 고구마와 묵은지 콜라보

세계로 뻗어 나가는 K-푸드

7(금)~10.20(월) 장소 : 요미상사 앞 뜰

달콤한 고구마와 새콤한 묵은지가 벌이는 잔치 한마당!

세계를 사로잡은 K-푸드, 그 진짜 맛을 만나 보세요!

신토불이 고구마

남기남 사장이 오랜만에 기뻐하며 한소희 대리를 불렀어.

"한소희 대리가 음식에는 일가견이 있잖아. 어떤 한국 음식을 세계화하면 좋겠나?"

한소희 대리가 먹고 있던 피자를 가리켰어.

"피자 어때요?"

"그건 이탈리아 음식이잖아요."

김영우 과장이 나무라자 한소희 대리가 치즈 버거를 들고 한입 베어 물며 말했어.

"치즈는 어때요? 나 치즈, 너무 좋아!"

남기남 사장이 고개를 절레절레 흔들었어.

"치즈도 우리 음식이 아니잖아. 이미 한국 음식이 인기를 끌고 있다고 하니 우리는 좀 색다른 걸 만들면 어떨까? 송편이나 떡국 같은 **명절** 음식!"

"그보다는 가장 대표적인 김치가 어떨까요? 치즈처럼 **발효** 음식이어서 수출해도 금세 상하지도 않고요."

그때 한소희 대리가 번뜩이는 아이디어를 내었어.

"묵은지 어때요? 고구마랑 같이 세트로 파는 거예요."

"바로 그거야! 우리 **식문화**에서는 음식의 궁합을 중요하게 생각하지. 고구마랑 묵은지, 참 좋군!"

남기남 사장이 갑자기 사라졌다가 다시 나타났어. 아주 커다란 플라스틱 통을 들고 나타났지.

"이걸로 맛을 한번 보자고! 우리 집안에서 35년간 묵힌 묵은지라네."

세 사람이 기대에 차서 모여들었어. 그리고 김영우 과장이 김치 통 뚜껑을 딱 열었지. 바로 그 순간, 세 사람이 합창을 했어.

"우웩!"

35년 묵은 묵은지 냄새가 콧속으로 파고들어 오장육부를 비틀었던 거지. ★

묵은지 김밥, 세계 25개국에 수출!

요미상사가 출시한 '돌돌말아김밥'이 유럽 25개국에 수출되고 있다는 소식입니다. 요미상사는 '묵은지 고구마'라는 상품을 개발했다가 회사가 폐업 위기에 놓인 적이 있습니다. 연구 개발비로 쏟은 막대한 자금을 전혀 회수하지 못했기 때문입니다. 이번에 유럽으로 수출된 김밥은 한류의 인기에 힘입은 결과이기도 하지만, 그보다 더 큰 의미가 있다고 합니다. 요미상사의 남기남 사장은 "세계적으로 사랑받는 한국 음식이 많지만, 우리가 김밥을 수출하게 된 이유는 특별하다"라며 "우리 김밥은 일반적인 방식이 아닌 묵은지를 넣어 만든 것이다. 묵은지 고구마의 실패를 딛고 묵은지 김밥을 출시하게 된 것"이라고 했습니다. 요미상사의 남다른 기획력과 기술력으로 우리 음식의 세계화가 더욱 속도를 낼 것으로 보입니다.

신문 해설

20여 년 전 방영된 드라마 〈대장금〉은 아시아 전역에서 인기를 끌었어요. 주인공의 파란만장한 인생을 담은 이 드라마에서는 우리 궁중 음식이 다양하게 소개되었지요. 이 드라마를 계기로 한국의 음식 문화가 아시아 여러 나라에 점차 알려지기 시작했어요. 지금은 전 세계에서 한국 음식에 관심을 보이고 있어요. 한국 음식의 세계화는 케이팝, K-드라마 등 한류 열풍과 함께 빠르게 확산되고 있으며, 김치·비빔밥·불고기 같은 음식이 한국 문화를 대표하는 상징이 되었지요.

최근에는 북미와 유럽에서도 한국 음식점이 빠르게 늘고, 한국 음식을 맛보려는 관광객도 점점 늘고 있어요. 한국 음식에 대한 관심은 한국의 식문화에 대한 이해로 이어져, 식사 예절, 함께 나누는 음식 문화 등 한국인의 생활 방식과 가치관을 이해하는 바탕이 되고 있답니다.

"우리나라 음식은 본래의 맛 그대로 전해져야 해요. 아주 매운 맛이나 독특한 발효 음식을 현지의 입맛에 맞춘다며 덜 맵거나 달콤하게 바꾸면, 한국 음식만의 고유한 매력을 잃게 되니까요."

똑똑한 맞대결

"우리나라로 관광 오는 외국인 중엔 한국 음식에 관심이 많지만, 낯선 맛에 익숙하지 않아 쉽게 즐기지 못하는 경우도 있어요. 한국의 고유한 맛을 지키면서 현지인의 입맛을 고려하면 더 큰 인기를 얻을 거예요."

똑똑한 문제와 정리

● **한국 음식의 세계화와 관련해 옳은 것 두 가지를 고르세요.**

① 세계에서 인기 있는 한국 음식으로는 비빔밥, 김밥, 불고기, 파스타 등이 있다.

② 치즈는 대표적인 한국 발효 음식이다.

③ 김치는 한국의 대표적인 발효 음식이다.

④ 한류 열풍이 한국 음식의 세계화를 이끈 측면이 있다.

● **다음 빈칸을 채우세요.**

간장, 된장 등 미생물이 유기 화합물을

분해해 에너지를 얻는 작용을

☐☐ 라고 해요.

교과서 상식 백과

김치, 된장, 고추장, 간장, 젓갈류 등은 모두 발효 음식이에요. 다른 나라에도 발효 음식이 있지만, 우리나라에는 특히 발효 음식이 많아요.

발효 음식은 미생물의 작용으로 식품을 오래 보존하고, 소화가 잘되게 할 뿐 아니라 건강에 좋은 성분을 만들어내는 음식이에요. 세계 여러 나라에서도 한국 상점에서 판매하는 라면이나 바나나 우유 같은 제품이 인기가 많지만, 요즘에는 우리의 발효 음식에도 큰 관심을 보이고 있어요. 한국의 발효 음식이 건강에 유익하다는 사실이 알려졌기 때문이지요. 발효 음식에는 우리 신조들이 자연과 함께 쌓아 온 슬기와 지혜가 담겨 있답니다.

한류 관광 자원
악귀 아이돌이 망친 한류

어휘 엿보기

- **전통문화**(傳統文化) 그 나라에서 발생하여 전해 내려오는 그 나라 고유의 문화
- **작호도**(鵲虎圖) 까치와 호랑이를 그린 그림
- **일월오봉도**(日月五峯圖) 다섯 개의 산봉우리와 해, 달, 소나무를 그린 그림으로 조선 시대 임금이 앉는 자리 뒤에 두던 병풍 그림
- **문화 자원**(文化 資源) 사람들이 오랫동안 살아 오면서 만든 문화와 관련된 여러 가지 자원

고소희가 망친 한류 관광

 인기 아이돌 그룹 요미즈의 리더 고소희가 한류 관광으로 한국을 찾은 외국인 관광객들 앞에서 케이팝을 알리기 위한 퍼포먼스를 선보였다고 합니다. 최근 넷플릭스 애니메이션 '케이팝 데몬 헌터스'의 인기로 많은 외국인 관광객이 한국을 방문하면서, 이 열풍을 이어가기 위해 요미즈가 나섰다고 합니다. 고소희는 "BTS와 블랙핑크를 우리의 라이벌로 생각하고 있었다"라며 "애니메이션에 나온 가상의 아이돌인 헌터릭스와 비교되는 것은 불쾌하다"라는 입장을 밝혔습니다. 또 헌터릭스보다 더 뛰어난 활약으로 한류 관광에 불을 지피겠다는 의욕을 보였습니다. 하지만 고소희의 퍼포먼스를 본 외국인 관광객들은 요란하지만 엉성한 춤 동작에 혀를 내두르며 "케이팝의 본고장답지 않다"는 반응을 보였습니다.

신문 해설

 우리나라는 관광 산업이 아주 발달한 나라는 아니었어요. 휴양지가 많은 동남아시아 국가들이 관광 산업으로 외화를 벌어들이는 데 비해, 한국은 관광 자원이 풍부하지 않았기 때문이에요. 또 관광 산업보다 산업 발전에 더 집중하는 정책을 펴 왔지요. 그런데 한류 열풍이 전 세계로 퍼지면서 한국을 찾는 관광객이 크게 늘었어요. 이를 '한류 관광'이라고 해요. 한류 관광은 외국인들이 케이팝, 드라마, 음식, 패션 등 한국 문화에 대한 관심과 호기심으로 한국을 방문하는 것을 말해요. 2020년 기준 방한 외국인 중 한류 관광객은 55%에 달했고, 1인당 지출액은 약 121만 원, 총 지출액은 1조 3,500억 원에 이르렀다고 해요. 이로 인한 생산 파급 효과는 약 2조 5,000억 원, 고용 파급 효과는 1만 3,500명 이상으로 추정되어 경제적 효과가 매우 컸답니다.

"영원한 것은 없어. 케이팝이나 한류의 인기도 곧 사그라들 거야. 그러니 인기가 사라지기 전에 최대한 많은 것을 얻어야 해. 한국을 찾은 관광객에게는 최대한 높은 요금을 받는 게 좋아."

똑똑한 **맞대결**

"한류의 인기는 쉽게 사그라들지 않을 거야. 음악과 드라마에서 시작된 인기가 이제는 웹툰, 음식, 패션 같은 다양한 분야로 넓어지고 있거든. 우리나라의 관광 콘텐츠를 잘 개발한다면, 한류 관광객은 더 늘어날 거야."

똑똑한 문제와 정리

● **한류 관광과 관련해 틀린 것 두 가지를 고르세요.**

① 한류 관광객은 지출이 적어 경제적 파급 효과는 적다.
② 한류의 인기가 사그라들기 전에 바가지 요금을 받는 것이 좋다.
③ 한류를 통해 방문한 외국인 관광객은 최근 한국을 방문한 관광객 비율 중 과반수를 넘는다.
④ 최근에는 케이팝이나 드라마뿐 아니라 음식, 패션 등 다양한 한국 문화가 관심받고 있다.

● **다음 빈칸을 채우세요.**

까치와 호랑이가 등장하는 조선 시대의 민화를

☐ ☐ ☐ 라고 부른다.

교과서 상식 백과

2025년에는 한류 관광에 특별한 현상이 나타났어요. 넷플릭스에서 방영된 애니메이션 '케이팝 데몬 헌터스'의 인기로 '케데헌 관광'이라는 말까지 생겨난 거예요. 이 애니메이션에는 한국의 전통문화가 잘 녹아 있고, 서울의 여러 명소가 배경으로 등장했어요.

애니메이션에 삽입된 음원이 미국의 빌보드 차트 정상에 오를 정도로 큰 인기를 끌자, 세계 각국에서 이 작품에 나온 북촌 한옥마을, N서울타워, 낙산공원 등을 찾아 한국을 방문하고 있다고 해요. 2025년 7월 한 달간 한국을 찾은 외국인 관광객은 약 138만 명으로, 선년 같은 달보다 23.1% 증가한 것으로 나타났어요.

세계 축제
밤송이 축제는 참 따가워!

 이만저만한 실패가 아니었어. 아이돌 그룹 요미즈가 우리나라를 홍보하기 위해 만들려던 뮤직비디오는 유튜브에 공개한 뒤 악플 세례를 받았어. 누군가는 고소희의 춤이 보기 힘들 지경이라고 했고, 반민초의 노래는 음정이 안 맞는다고 했지. 상황을 바로잡기 위해 요미즈 소속사는 새 프로젝트를 기획하기로 했어. 소속사 실장이 입을 열었어.

 "너희는 세계적인 아이돌 그룹이잖아. 세계의 축제를 다니면서 노래를 부르는 건 어떨까?"

 "좋아요! 어디부터 갈까요?"

 요미즈는 세계 각국의 독특한 축제 중 가장 유명한 곳들을 찾아가 보기로 했지. 첫 번째로 간 곳은 스페인의 토마토 축제인 '라 토마티나'였어. 요미즈가 도착했을 때에는 이미 축제가 한창이었어. 거리에 토마토가 잔뜩 깔려 있

었고, 사람들은 서로에게 토마토를 던지고 으깨며 난리법석이었지.

"우아, 내가 원했던 축제야!"

고소희가 입을 크게 벌리고 날아오는 토마토를 덥석덥석 물어 삼켰어.

"우아, 싱싱하다! 너무 맛있어!"

고소희가 먹는 데만 정신이 팔린 바람에 뮤직비디오 촬영은 시작도 못 했어. 결국 체류 비용만 잔뜩 쓰고, 다음 목적지인 멕시코의 '죽은 자들의 축제' 현장으로 향했지.

"어머, 해골이야, 해골!"

죽은 자들의 축제에서는 밤거리에 무서운 분장을 한 이들이 가득했어. 겁 많은 채수빈과 반민초가 꽁꽁 숨어 버려서 뮤직비디오를 찍을 수 없었어. 그 모습을 본 기획사 실장이 한숨을 쉬며 말했어.

"어휴, 이런 세계적인 축제는 자신들 나라의 **전통**과 **관습**에 따라 여는 거야. **공동체**의 **정체성**을 담은 것이니 그 의미를 떠올리며 즐겨야지."

요미즈는 이번에도 비용과 시간만 잔뜩 쓰고 돌아와야 했어. 며칠 뒤, 다시 회의가 열렸어. 요미시에서 세계적인 축제를 열어 보기로 했지. 스페인의 라 토마티나 축제에 다녀왔던 고소희가 좋은 아이디어를 떠올렸어.

"가을이니 밤 축제 어때요? 팀을 나누어서 밤송이를 서로 던지는 거예요!"

고소희의 기막힌 생각은 바로 채택됐어. 며칠 뒤, 요미즈가 주최한 밤 축제가 열렸어. 참가자들의 반응은 폭발적이었어. 비명이 도시를 가득 메웠지.

"으악! 따가워! 윽윽!"

"아야야, 아야! 엉덩이 찔렸어!"

요미즈 멤버들의 온몸에 뾰족뾰족한 밤송이가 가득 박힌 날이었지. ★

요미시에서 괴식 축제가 열린다고?

요미시에서는 침체된 지역 경기를 되살리기 위해 세계적인 축제를 기획하고 있습니다. 이번 축제는 시민들의 적극적인 참여를 유도하는 데에도 중점을 두고 있습니다. 시민들로부터 아이디어를 공모해, 그중 참신한 아이디어를 선정하여 세계적인 수준의 축제로 발전시키겠다는 계획입니다. 공모전을 통해 접수된 아이디어는 총 2,879개로 이 중 예선의 과정을 거쳐 총 5개의 아이디어가 선정되었습니다. 선정된 아이디어로는 김영우 씨의 '팽이 축제', 채수빈 씨의 '음치 축제', 고소희 씨의 '괴식 축제', 오여름 씨의 '시험 축제', 김서아 씨의 '수면 축제' 등이며, 이 중 최종 아이디어가 결정되면 세부 기획에 들어갈 예정입니다. 요미시 담당자는 도시의 오랜 역사를 빛낼 수 있는 전통이 담긴 축제로 선보이겠다고 밝혔습니다.

신문 해설

세계 축제는 그 나라와 민족의 문화를 고스란히 담고 있어요. 그 나라와 지역의 자연, 특산물, 음악, 종교, 전통을 보여 주는 것이지요. 러시아 상트페테르부르크 '백야 축제'는 그 지역의 독특한 자연환경이 축제가 된 경우예요. 위도 48도 이상의 고위도 지방에서는 한여름에 태양이 지평선 아래로 내려가지 않는 '백야'가 수개월 동안 이어지는데, 이 시기에 노르웨이, 스웨덴 등에서 축제가 열려요. 그중에 러시아에서 열리는 축제가 가장 유명하지요. 스페인에서 열리는 토마토 축제는 그 지역의 특산물과 관련 있고, 네덜란드의 튤립 축제도 마찬가지예요. 노르웨이에서는 바이킹 축제가 열리는데 이는 전통과 관련 있어요. 이처럼 축제는 오래된 관습과 문화적 가치를 전파하고 유대감을 형성해요. 또한 관광 산업에도 큰 효과가 있어 지역 경제에 많은 도움을 준답니다.

"우리나라 사람들은 잠이 부족하잖아. 그걸 축제로 만들면 재미있을 것 같아. 광장에 모여서, 먹거나 놀 때 빼고는 다 같이 잠을 자는 거야. 그럼 세계 사람들도 '이런 축제가 다 있어?' 하고 신기해서 놀러 올걸?"

똑똑한 맞대결

"그것보단 시험 축제가 낫지! 우리나라는 학생도, 어른도 시험 치느라 늘 바쁘잖아. 학교 시험, 자격증 시험 등 각종 시험이 끊이지 않으니까. 그걸 아예 축제로 만들면, 모두가 재미있어 할걸?"

똑똑한 문제와 정리

● **세계 축제와 관련해 틀린 것 두 가지를 고르세요.**

① 세계 축제에는 그 나라의 전통과 문화가 담겨 있다.

② 러시아의 백야 축제는 자연의 특성을 살린 축제이다.

③ 네덜란드의 코스모스 축제는 자연의 특성을 살린 축제로 유명하다.

④ 머드 축제는 우리나라 강릉에서 열리는 세계 축제이다.

● **다음 빈칸을 채우세요.**

 에서는

매년 10월 31일부터 11월 2일까지

'죽은 자들의 날'이란 축제가 열린다.

교과서 상식 백과

우리나라에서 유명한 축제로는 충청남도 보령시 대천해수욕장에서 열리는 '머드 축제'가 있어요. 1990년대 초반까지만 하더라도 대천해수욕장은 인기 있는 휴양지가 아니었어요. 서해안에 위치해 바닷물이 지저분하다는 인식이 있었기 때문이지요. 하지만 이곳 갯벌의 진흙 성분이 우수하다는 연구 결과가 나오면서, 이를 관광 자원으로 활용하자는 아이디어가 나왔어요. '머드 축제'는 해를 거듭할수록 점점 인기를 끌었고, 여러 나라의 외국인들도 참여하는 세계적인 축제로 자리 잡았어요. 일본 삿포로의 눈 축제처럼, 세계에는 이처럼 자연의 특수성을 활용해 큰 축제를 여는 곳이 많아요.

유행병
강가에서 마주친 새로운 유행

김서아는 집으로 돌아가는 길에 택배 기사 아저씨를 만났어. 아저씨가 반가워하며 김서아 집으로 온 택배를 한 번에 전해 주었지. 김서아는 택배를 한 아름 안고 집으로 들어갔어.

"이게 다 엄마 거야? 진짜 많네!"

"우아, 벌써 왔어? 얼른 뜯어 봐야지."

한소희가 택배 상자를 열자 그 안에서 온갖 종류의 운동복이 나왔어.

"엄마, 운동선수 하려고?"

"아니! 요즘 다들 달리기 많이 하잖아. 다이어트에 좋다길래 연습 좀 한 다음에 러닝 동호회 가입하려고!"

한소희는 그중에 하나로 갈아입고 밖으로 나갔어. 그러곤 요미시를 가로지

르는 강변에서 신나게 달리기 시작했지. 얼마 뒤, 여러 무리의 사람들이 뛰어오는 게 보였어. 남기남 씨도 몸에 딱 붙는 레깅스를 입고 뛰고 있었고, 김요미도, 그리고 아이돌 그룹 요미즈도 달리고 있었지.

"재밌겠다! 나도 저기 껴서 뛰어야지!"

그들은 색깔과 모양만 다를 뿐, 거의 비슷한 옷을 입고 있었고, 이마에는 비슷한 모양의 머리띠를 하고 있었어.

한소희를 뒤따라 나온 김영우가 강변에 서서 그들이 뛰는 모습을 보고 말했어.

"쯧쯧, **유행병**이군. 요미시 사람들은 유행에 너무 민감해."

그때 누군가 옆에 와서 말을 걸었어.

"맞스므니다! 사람들은 시대에 뒤처지지 않으려고 **군중 심리**에 휘둘리는 거므니다!"

김영우가 고개를 끄덕였어.

"저런 **모방 욕구**는 **집단 소속감**을 느끼려는 유약한 이들한테 나타나죠."

"그렇스므니다! 한때는 자전거를 우르르 타다가 이젠 다 뛰쳐나와 뛰고 있으므니다! 다음엔 다 같이 엉금엉금 기어다닐 것 같으므니다!"

"현명하고 지적인 요미시 시민을 만나게 되어 반갑군요."

김영우는 반가운 마음에 손에 들고 있던 음료를 앞으로 내밀었어. 나다까 씨도 얼떨결에 자기 음료를 내밀며 부딪쳤지.

"우리라도 개성 있게 살아가야겠으므니다!"

둘은 환하게 웃다가 갑자기 민망한 표정으로 슬쩍 고개를 돌렸어. 두 사람의 손에 있는 음료는 최신 유행하는 말차 음료였던 거야. 그늘도 유행을 좋아하는 유행병 환자였던 거지. ★

달리기 유행이 불고 있는 요미시

최근 요미시에 달리기 열풍이 불고 있습니다. 불과 얼마 전까지만 해도 회색 패션이 유행이었지요. 요미즈의 멤버 채수빈이 입은 회색 옷이 인기를 끌자, 요미시 시민 대다수가 한동안 회색 옷만 입었습니다. 그런데 이제는 그 열기가 달리기로 옮겨 갔습니다. 요즘은 저녁 식사를 마친 무렵이면 요미시 곳곳에서 달리기를 즐기기 위해 거리로 나선 시민들을 쉽게 볼 수 있습니다. 시민들은 하나같이 비슷한 운동복을 입고, 동호회를 꾸려 적게는 대여섯 명, 많게는 수십 명이 함께 뛰는 진풍경을 이루고 있습니다. 요미대학 교수이자 사회학자인 김요미 씨는 이런 현상을 두고 "일종의 문화 유행병으로 볼 수 있다"라며 "맹목적으로 누군가를 따라 하는 성향이 있는 사람들은 패션이나 취미 변화에 특히 민감하게 반응한다"고 말했습니다.

👆 신문 해설

유행병은 보통 특정 지역이나 사회에서 평소보다 감염병이 급격히 늘어나 널리 퍼지는 현상을 말해요. 전염병을 뜻하는 말이지요. 또 좋지 않은 유행을 지나치게 따르는 모습을 비유적으로 이르기도 해요. 총기 난사 사건이 빈번하게 발생하는 미국에서는 '폭력 유행병'을 없애야 한다고 말하고, 성형 수술이 활발한 우리나라에서는 외모 지상주의에 대한 걱정과 함께 '성형 유행병'을 우려하기도 해요. 우리나라는 특히 패션이나 외모처럼 눈에 보이는 유행을 과도하게 따르는 경향이 있다고 해요.

유행병 같은 모방 심리는 유명인이나 사회적인 이슈를 그대로 따라 하는 것으로, 이를 통해 사회에서 소외되지 않았다는 안정감을 느낀다고 해요. 보통 자존감이 낮을수록 남을 모방하는 경향이 강하고, SNS 등에서 즉각적인 반응을 얻을수록 안정감이 커진다고 해요.

"유행을 따라 하는 것은 인간의 본능적인 심리예요. 새로운 문화나 트렌드도 기존의 것을 모방하고 변형하면서 만들어지니까요. 변화하고 싶은 마음, 지금보다 성장하고 싶은 욕구는 결코 나쁜 게 아니에요."

똑똑한 맞대결

"과유불급이라는 말이 있잖아요. 유행을 따르는 건 자연스러운 일이지만, 거기에만 몰두하면 문제가 돼요. 생각 없이 유행만 좇다 보면 자신만의 색을 잃게 되고, 결국 자기의 정체성까지 흐려질 수 있어요."

 똑똑한 문제와 정리

● **유행과 모방 심리와 관련해 틀린 것 두 가지를 고르세요.**

① 나쁜 유행은 심각한 사회 문제로 나타난다.
② 감염병도 유행병이라고 부른다.
③ 유행은 SNS와 미디어를 통해서는 잘 전파되지 않는다.
④ 보통 유명인은 모방의 대상이 되지 않는다.

● **다음 빈칸을 채우세요.**

많은 사람이 모였을 때, 자제력을 잃고 쉽사리 흥분하거나 다른 사람의 언동에 따라 움직이는 심리 상태를

☐ ☐ ☐ ☐ 라고 한다.

 교과서 상식 백과

모방 심리는 심각한 사회 문제로 번지기도 해요. 유명인의 극단적인 선택을 본 청소년이 이를 따라 하거나, 미국에서는 총기 사건이 발생하면 이를 모방한 사건이 잇따라 일어나기도 하지요.

인간은 사회적 동물이라 무리 속에서 안정감을 느껴요. 이런 심리는 타인을 모방하면서 자신이 속한 사회에 동화되었다는 동질감을 느끼게 하지요. 연예인의 패션을 따라 하면 좋아하는 연예인과 가까워진 느낌을 받기도 해요. 하지만 지나친 모방은 자신의 개성을 흐리게 하고, 결국 주관을 잃은 사람으로 만들 수 있으므로 주의해야 돼요.

문화유산 보존
무량수전 기둥을 대패질하라!

🔖 어휘 엿보기

- **문화유산**(文化遺産) 옛날부터 전해 내려오면서 다음 세대에 물려줄 만한 가치를 가진 과학, 기술, 관습, 건물, 유물 따위의 것
- **국보**(國寶) 국가가 특별히 지정해 법으로 보호하는 문화유산
- **미륵사지 석탑**(彌勒寺址 石塔) 전북특별자치도 익산시 미륵사 터에 있는 백제 무왕 때의 화강암 석탑
- **부석사 무량수전**(浮石寺 無量壽殿) 경상북도 영주에 있는 부석사의 중심 건물

유적지를 사적으로 사용한 공직자

요미시의 주요 문화유산에 낙서가 발생한 가운데, 2025년 10월 스페인의 한 박물관에서는 크리스토퍼 콜롬버스를 기리는 벽화에 붉은 페인트가 뿌려지는 사건이 일어났습니다. 환경 운동가인 이들은 전시 중이던 회화 작품 '콜럼버스에게 바치는 첫 경의'에 붉은 페인트를 던진 것으로 알려졌습니다. 공공물이나 문화재를 고의로 훼손하는 이른바 반달리즘 환경 운동가인 이들은 아메리카 대륙의 원주민들이 오랫동안 억압받아 온 사실을 상기시키며 "신대륙을 발견한 콜럼버스를 기리는 작품을 훼손한 것"이란 입장을 밝혔습니다. 이러한 고의적 문화유산 훼손 사례는 요미시에서도 빈번하게 발생하고 있습니다. 요미시의 일부 고위 공직자가 사적지나 유적지를 개인적으로 이용하거나 문화유산에 낙서를 하는 행위 등이 반복되고 있습니다.

여기서 불장난하면 안 되므니다!

 신문 해설

문화유산 훼손은 다양한 원인으로 일어나요. 누군가에 의해 고의적으로 일어나기도 하고, 보존을 제대로 하지 못해 훼손되기도 해요. 문화유산의 소중한 가치를 모르는 이들이 무심코 중요한 문화유산을 훼손하는 경우도 있어요.

2025년 1월에는 한 방송사의 드라마 제작진이 경상북도 안동의 병산서원 곳곳에 못질을 해서 논란이 일어났어요. 병산서원은 안동 하회마을과 더불어 유네스코 세계 유산으로 지정된 귀중한 우리의 문화유산이에요. 문화유산을 훼손한 방송 관계자는 고발되기도 했어요. 훼손된 문화유산을 복구하려면 많은 시간과 비용이 들고, 설령 원래 모습으로 복구한다 해도 그 가치는 이미 떨어질 수밖에 없어요. 문화유산 훼손은 역사적 가치와 미래 세대의 자산까지 위협하므로, 철저한 보호 의식과 체계적인 관리가 필요해요.

"문화유산을 훼손하는 이들에게는 이유를 막론하고 큰 처벌을 내려야 해요. 스페인에서 그림에 페인트를 뿌린 환경 운동가들도 잘못한 거니 그에 맞는 벌을 받아야죠."

"물론 그런 행동은 옳지 않아요. 하지만 이 경우는 좀 다른 것 같아요. 그 그림이 아메리카 원주민을 억압했던 역사를 기리는 듯한 모습을 담고 있었잖아요. 환경 운동가들의 목소리도 들어봐야 할 것 같아요."

똑똑한 문제와 정리

● 맞으면 ○, 틀리면 ✕ 하세요.

① 병산서원은 유네스코 세계 유산이다. ☐

② 문화유산을 훼손해도 처벌을 받지는 않는다. ☐

③ 전라북도 익산에는 중요한 문화유산인 미륵사지 석탑이 있다. ☐

● 다음 빈칸을 채우세요.

☐☐☐ 은 2008년에 방화로 인해 훼손되었다가 다시 복원한 우리나라의 문화유산으로 남대문이라고도 불린다.

 교과서 상식 백과

2008년 2월 10일 밤, 놀라운 소식이 전해졌어요. 600년 동안 서울의 상징이던 숭례문이 화재로 큰 피해를 입은 거예요. 숭례문(남대문)은 1398년 조선 태조 7년에 세워져 오랫동안 서울의 대표 문화유산이었어요. 그런데 토지 보상 문제에 불만을 품은 한 노인이 방화를 저질렀고, 화재 진압이 늦어 순식간에 2층 누각이 모두 불에 타버리고 말았어요. 숭례문을 다시 원래 모습으로 복원하기까지는 오랜 시간이 걸렸어요. 5년간의 복구 과정을 거쳐 2013년 5월, 숭례문은 다시 원래 모습을 되찾았지요. 그 일을 계기로 문화유산을 더 소중히 여기고 보존하려는 움직임이 커졌어요.

스포츠 사회학
나이 많은 스포츠 신동의 탄생

"묵은지로 상품을 만드는 건 우리 기술로는 힘들 것 같아."

음식의 세계화를 꿈꾸던 남기남 사장이 연이은 실패로 풀이 죽어 있자, 김영우 과장이 새로운 제안을 했어.

"스포츠 에이전트 회사를 차리는 건 어떨까요? 손흥민 같은 선수를 키워서 세계 무대에 내보내는 거죠."

기울어가는 회사를 살리기 위해 요미상사는 어떤 일이든 해봐야 했어.

"역시 요미상사의 훌륭한 인재야! 혹시 눈여겨본 선수가 있는가?"

그때 한소희 대리가 끼어들었어.

"제가 한번 해 볼까요? 모기도 한 번에 잡을 만큼 민첩해서 탁구 선수로 딱일 것 같아요."

"탁구는 **프로 리그**가 없잖아. **아마추어** 종목으로는 큰돈을 벌기가 어려워."

김영우 과장이 곰곰이 생각하더니 말했어.

"시야를 넓혀야죠. 아르헨티나에서 오래전에 본 메시라는 아이가 있어요. 그 애를 야구 선수로 키우면 어떨까요?"

"걔가 누군데? 야구를 잘해?"

"야구를 잘하는지는 모르겠어요. 축구를 곧잘 하니 야구도 잘하지 않을까요? 우리나라에선 프로 야구가 인기 있으니 어릴 때 데려와서 야구를 가르치죠."

남기남 사장이 잠시 고개를 숙인 채 생각에 잠겼다가 말했어.

"아르헨티나는 야구 강국이 아니야. 야구는 미국과 가까운 나라인 한국, 대만, 일본과 쿠바, 도미니카 공화국 같은 나라들이 잘하지. 거기서 선수를 골라야 해."

"야구는 왜 미국과 친한 나라가 잘해요?"

한소희 대리가 묻자, 남기남 사장이 아는 척을 했어.

"모든 스포츠가 그렇더라고. 축구는 영국에서 시작해서 유럽으로 퍼져 갔지. 지금 전 세계에서 가장 큰 **국제 대회**인 월드컵이 열리는 것도 유럽 국가들이 식민지를 삼았던 나라에 축구를 전파했기 때문이야."

"그렇군요. 영국의 **식민지**였던 인도에서 영국의 인기 스포츠인 크리켓과 필드하키가 인기 있는 것처럼요."

김영우 과장도 아는 척했지. 스포츠 유망주를 고르는 일은 쉬운 일이 아니었어. 여러 후보를 떠올리다가 남기남 사장이 낙점한 인물은 김영우였어.

"저요? 저는 나이가 너무 많지 않아요?"

"**대기만성**이란 말도 있지 않은가! 달리기부터 시작해 보게."

김영우 과장은 훗날 엄청나게 먼 거리를 달리게 돼. 이때는 알지 못했지만 말이야. ★

어휘 엿보기

• **프로 리그**(professional league)
야구, 축구, 농구 등에서, 우승을 가리기 위하여 경기를 벌이는 전문 직업 선수들의 집단

• **아마추어**(amateur)
예술이나 스포츠, 기술 등을 취미로 삼아 즐겨 하는 사람

• **국제 대회**(國際 大會)
여러 나라가 팀을 만들어 모여서 함께 참가하는 큰 대회

• **식민지**(植民地)
한 나라가 다른 나라를 힘으로 억누르고 마음대로 다스리는 땅이나 나라

• **대기만성**(大器晚成)
크게 될 사람은 시간이 오래 걸려 천천히 성공한다는 말

유튜버 창박골이 마라톤 구단주로?

23세의 대학생 유튜버 창박골이 아프리카 말라위 프로 축구 3부 리그 팀 치주물루 유나이티드 FC의 구단주가 되어 화제가 되고 있습니다. 창박골은 아프리카 등지의 주로 축구 하위 리그 팀과 그들의 환경을 소개하는 영상을 찍던 중, 이 팀의 열악한 사정을 알게 되었고, 직접 구단주로 나서 팀을 맡게 되었다고 합니다. 그는 구단주가 되기 전 구단 운영 계획서를 만들어 여러 기업에 보냈으며, 이후 이 기업들과 후원 계약을 체결해 지원금과 유니폼 판매 수익 등을 합쳐 구단을 운영하고 있습니다. 이 소식을 들은 요미에이전트의 남기남 대표는 "우리도 마라톤 유망주를 키워 보려고 한다"라며 "마라톤은 아직 지원이 부족한 종목이어서 반드시 뒷받침이 필요하다. 유튜버 창박골에게 도움을 구할 생각"이라고 밝혔습니다.

신문 해설

유튜버 창박골이 구단주로 활동하는 팀은 아프리카 말라위에 있는 축구팀이에요. 말라위는 19세기 후반부터 1964년 독립할 때까지 영국의 식민 지배를 받았던 나라예요. 영국의 영향으로 지금도 영어를 공용어로 쓰고, 개신교 신자들이 대다수를 이루지요. 말라위에서 축구의 인기가 높은 것도 식민 지배의 영향이에요. 축구 종주국인 영국의 식민지였던 아프리카 여러 나라는 공통적으로 축구를 즐기는 문화가 남아 있어요. 이집트, 케냐, 시에라리온, 가나, 나이지리아 등은 1960년을 전후해 모두 영국으로부터 독립했지만, 스포츠와 문화 속에는 여전히 그 흔적이 남아 있지요. 이렇게 스포츠는 정치, 역사와 얽혀 사회와 문화 전반에 영향을 주고받아요. 개인이나 사회 전체에 미치는 스포츠의 영향을 학문적으로 연구하는 분야를 '스포츠 사회학'이라고 해요.

"스포츠는 너무 어렵게 생각할 필요 없어요. 경기장에 가서 함께 소리 지르고 응원하다 보면 스트레스가 금세 풀리잖아요. 역사나 정치 같은 복잡한 얘긴 떠올리지 말고, 그냥 마음껏 즐기는 게 진짜 스포츠라고요."

똑똑한 맞대결

"스포츠를 더 재미있게 즐기려면 그 스포츠의 역사나 문화를 함께 이해하는 게 좋아요. 난 치주물루 유나이티드 FC의 열혈 팬인데, 말라위의 역사와 문화를 알고 나니까 경기를 볼 때 훨씬 더 흥미롭더라고요."

 똑똑한 문제와 정리

● **스포츠 문화와 사회학과 관련해 틀린 것 두 가지를 고르세요.**

① 미국과 가까운 나라들에선 야구가 인기 있다.

② 스포츠는 한 사회의 문화와 역사적 배경과 밀접한 관계가 있다.

③ 말라위에서 축구가 인기 있는 것과 영국 식민 지배 역사는 관련이 없다.

④ 월드컵은 세계에서 가장 큰 야구 축제이다.

● **다음 빈칸을 채우세요.**

스포츠가 개인, 집단, 사회 전체에 미치는 영향을 사회학적으로 분석하는 학문을

□□□□ □□□□ □□□□□이라고 한다.

 교과서 상식 백과

프로 야구팀 중 KIA 타이거즈는 광주광역시, 삼성 라이온즈는 대구광역시를 연고로 하고 있어요. 그러나 영남과 호남 간 지역감정이 심했던 1980년대에는 두 팀 팬들의 감정싸움이 극심했어요. 1986년 10월 22일에는 삼성 라이온즈가 패한 뒤 일부 팬들이 해태 타이거즈(현 KIA 타이거즈) 선수단 버스를 방화하는 사건까지 벌어졌지요. 지역감정이란 지역 간 역사적·문화적 요인이 맞물려 서로를 적대시하는 현상을 말해요. 이런 감정은 특정 지역을 연고로 한 스포츠 더비에서 자주 드러나요. 지금은 호남과 영남 간 지역감정이 많이 누그러졌고, 프로 야구의 경쟁 구도도 크게 달라졌어요.

한국 콘텐츠 인기
칸 영화제에서 펼친 한소희의 명연기

    요미상사의 스포츠 에이전트 계획은 무산되었어. 적당한 스포츠 영재를 끝내 찾지 못했거든. 남기남 사장은 골똘히 생각에 잠겼어. 그러다 문득 한국 콘텐츠가 세계적으로 인기가 있다는 사실이 떠올랐어.

    "〈오징어 게임〉, 〈케이팝 데몬 헌터스〉처럼 우리 **문화 콘텐츠**가 지금 대세야! 우리도 그런 걸 만들어야 해!"

    "맞아요! 지금은 대한민국 자체가 하나의 브랜드예요."

    "그런데 그걸 만든다 해도 어떻게 공개하죠?"

    "**온라인 동영상 서비스**로 하면 되죠!"

    남기남 사장은 즉시 실행에 옮겼어. 우선 전 세계에서 인기 있는 한국 콘텐츠를 조사했어. 뷰티(미용), 패션, 음식, 영화, 드라마, 케이팝 등 할 수 있는 콘텐츠는 다양했어. 그중에 남기남 사장이 고른 것은 영화였어.

    "유명하고 실력 있는 감독부터 섭외해야 해. 누가 좋겠나?"

남기남 사장의 질문에 한소희 대리가 대답했어.

"박창욱 감독 어때요? 그 감독이 찍은 〈올드걸〉 유명하잖아요!"

바로 섭외에 들어갔고, 박창욱 감독은 흔쾌히 승낙했지. 시나리오는 한국의 정서가 듬뿍 담긴 이야기였어. 경제적 어려움 속에서도 가족을 위해 열심히 살아가는 한 가장의 **희비극**이었어. 경비를 줄이기 위해 김영우

와 한소희가 직접 남녀 주연을 맡았고, 요미시의 시민들을 엑스트라로 섭외했지. 비싼 카메라 장비 대신 휴대 전화로 촬영을 진행했어.

박창욱 감독은 혼신을 다했어. 목표는 **칸 영화제** 경쟁 부문 출품이었지.

"자, 표정 연기가 살아야 해요."

두 달 남짓한 촬영이 끝나고, 편집을 진행하는 동안 제목을 정하기로 했어. 그런데 편집된 영상을 보며 박창욱 감독의 표정이 어딘가 아쉬워 보였어. 한소희의 연기 때문이었지. 한소희는 딱 두 마디의 대사만 했는데도 연기가 아주 서툴렀어. 남기남 사장이 박창욱 감독에게 여자 주인공을 바꾸고 다시 촬영하자고 했지만 시간이 너무 촉박했어. 칸 영화제 출품 마감이 얼마 남지 않았었지. 박창욱 감독이 고개를 저으며 말했어.

"어쩔 수가 없어요!"

남기남 사장이 아쉬운지 다시 되물었어.

"어쩔 수가 없니?"

그 순간, 박창욱 감독이 무릎을 탁 치며 외쳤어.

"그걸 제목으로 합시다! '어쩔 수가 없니?'"

모두가 열정을 쏟아 만든 작품이었지만, 아쉽게도 칸 영화제에서 수상은 하지 못했어. 모두 한소희의 연기 탓이었지. ★

한류 콘텐츠의 위기는 없다?

영화사로 거듭난 요미시의 대표적인 기업 요미상사에서 칸 영화제에 출품한 〈어쩔 수가 없니?〉가 경쟁 부문에서 아쉽게도 수상에 실패했습니다. 칸 영화제에 참석한 세계 각국 기자들 사이에서는 작품의 완성도가 뛰어나다며 최고상인 황금종려상과 감독상을 기대하는 분위기가 지배적이었습니다. 특히 최근 한국 문화 콘텐츠의 세계적인 인기에 힘입어 심사위원들이 다른 경쟁작보다 〈어쩔 수가 없니?〉에 손을 들어 줄 것이란 기대감도 있었습니다. 그러나 결국 수상에는 실패했고, 박창욱 감독은 "수상을 하지 못한 것은 내 탓"이라며 "한심한 여배우의 연기력을 끌어올리는 것도 감독의 역할이기 때문"이라고 말했습니다. 비록 칸 영화제 수상에는 실패했지만, 한류 콘텐츠의 열기는 앞으로도 계속될 전망입니다.

신문 해설

2025년 4월, 문화체육관광부와 한국국제문화교류진흥원이 해외 한류 실태를 조사해 발표했어요. 2024년을 기준으로 한 이번 조사에서 '한국' 하면 가장 먼저 떠오르는 이미지로는 케이팝이 17.8%로 1위를 차지했어요. 뒤를 이어 한식이 11.8%, 드라마가 8.7%, 뷰티 6.4%, 영화 5.6% 순서로 나타났지요. 한국의 정보 기술(IT) 제품과 브랜드에 대해서도 높은 관심을 보이는 것으로 조사됐어요. 한국 콘텐츠 중 문화 콘텐츠는 전체 응답자의 70%가 좋아한다고 답변했어요. 이는 BTS, 블랙핑크 같은 케이팝 가수들이 꾸준히 인기를 이어가고 있고, 〈오징어 게임〉, 〈기생충〉 등 우수한 한국 드라마와 영화가 지속적으로 선보이고 있기 때문이에요. 최근에는 한국어에 대한 관심도 높아져서, 한국어를 배우려는 외국인의 수도 계속 증가하고 있다고 해요.

"한류 콘텐츠가 세계에서 인기를 얻고 있는 건, 완성도가 높고 품질이 좋기 때문이야. 영화만 보더라도, 미국의 할리우드 영화와는 또 다른 독특한 감성을 담고 있지. 그러니까 한국만의 특별한 점을 계속 담아내야 해."

똑똑한
맞대결

"세계인을 상대로 만드는 콘텐츠라면, 그들의 시각도 고려해야 해요. 너무 낯설게 느끼면 외면받을 수도 있으니까요. 한국적인 매력을 살리되, 보편적인 정서와 연결되도록 풀어내는 방식이 필요해요."

 똑똑한 문제와 정리

● **한류 콘텐츠와 관련해 틀린 것 두 가지를 고르세요.**

① 오빠와 언니란 단어가 영국 옥스퍼드 사전에 실렸다.

② 〈기생충〉은 대표적인 한국 콘텐츠이다.

③ 한국을 방문하는 외국인은 한국 콘텐츠에는 관심이 없다.

④ 케이팝은 인기가 저물고 있고, 이를 한국 음식이 대체하고 있다.

● **다음 빈칸을 채우세요.**

매년 5월 프랑스 남부 지방에서 열리는

세계적인 영화제의 이름은

☐ ☐ ☐ ☐ 이다.

 교과서 상식 백과

2021년에 영국 옥스퍼드 영어 사전에 우리말 26개가 새롭게 실렸어요. 옥스퍼드 영어 사전은 1884년에 출간되어 세계에서 가장 권위 있다고 꼽히는 사전이에요.

1976년에도 이미 김치와 막걸리를 'kimchi'와 'makkoli'로 등재한 적이 있었는데, 2021년에는 '치맥(chimaek)', '언니(unni)', '오빠(oppa)', '대박(daebak)' 등 26개의 단어를 새롭게 등재한 것이지요. 이는 우리말이 세계에서 널리 쓰이고 있고, 영향력이 커졌다는 걸 의미해요. 옥스퍼드 사전 측에서는 책과 신문, 방송, SNS 등에서 그 단어가 지속적으로 사용되고 있는지를 검토하지요.

손흥민 현상
미국으로 이적한 손흥민의 기술

손차박 논쟁? 손흥민, 차범근, 박지성 중에 누가 최고냐고? 당연 차범근이 최고지!

아니죠! 박지성이죠.

오래전 세계 최고인 독일의 분데스리가 리그에서 놀라운 활약을 한 차범근이야말로 최고의 축구 선수였지!

박지성이 최고죠! 2002년 월드컵 4강 신화를 이루었고, 세계 최고의 구단인 맨유 클럽에서 활약했잖아요.

차범근이 국위 선양한 최고의 선수라고!

박지성은 해외에 우리나라를 알린 스포츠 외교를 벌인 선수라고요!

우아, 손흥민이다!

이번에 토트넘에서 미국의 LA FC로 이적하고 엄청난 활약을 보여 주고 계신데요.

 어휘 엿보기

- **국위 선양**(國威 宣揚) 나라의 명예와 힘을 세상에 알리는 일
- **스포츠 외교**(sports 外交) 스포츠를 이용해 나라와 나라가 서로 친해지고 협력하도록 하는 활동
- **이적**(移籍) 운동선수가 소속 팀으로부터 다른 팀으로 적을 옮기는 일
- **스포츠 산업**(sports 産業) 스포츠와 관련된 각종 산업

손흥민 열풍, 미국에서 요미시로 옮겨 와!

미국의 프로 축구 리그인 MLS리그에서 뛰고 있는 손흥민 선수가 연일 놀라운 활약을 펼치고 있다는 소식입니다. 손흥민 선수는 영국의 프리미어리그 토트넘에서 득점왕을 차지한 바 있으며, 최근 미국의 LAFC로 이적해 새 도전에 나섰습니다. 이적 후에도 구단 통산 500호 골을 기록하는 등 그의 활약은 미국 축구 팬들 사이에서 큰 화제가 되고 있습니다. 손흥민 열풍에 요미시 시민들 사이에서도 축구 붐이 일고 있다고 합니다. 요미시 학부모들은 자신의 아이들을 유소년 축구클럽에 데려가 손흥민과 같은 훌륭한 선수로 키워 달라며 성화를 부리고 있습니다. 부모의 손에 이끌려 온 김서아 양은 "발로 차는 것은 무엇이든 자신 있다"며 축구에 대한 자신감을 드러냈으며, 앞으로 큰 꿈을 이루고 싶다는 포부를 밝혔습니다.

👆 신문 해설

월드컵은 국제 축구 연맹인 FIFA가 주관해서 열리는 대회예요. 세계 각국의 대표팀이 모여 진정한 축구 챔피언을 가리는 의미 깊은 축구 축제이지요. 2002년에는 우리나라가 일본과 공동으로 월드컵을 개최했는데, 브라질, 프랑스, 아르헨티나, 독일, 이탈리아 등의 축구 강국들이 참가한 가운데 우리나라는 4강이라는 놀라운 성적을 기록했어요. 그 당시 우리나라 국민들은 축구 국가대표 팀을 응원하느라 도시 곳곳 거리마다 수많은 인파가 몰려나왔고, 응원단은 '붉은 악마'라는 이름으로 불리며 세계적으로 큰 화제가 되었지요.

월드컵은 올림픽처럼 4년마다 한 번씩 열리는데, 올림픽과 겹치지 않도록 개최 연도를 다르게 조정하고 있어요. 다음 월드컵은 북중미 지역에서 2026년에 열리고, 그 이후 미국 로스앤젤레스에서 2028년에 올림픽이 개최될 예정이랍니다.

"손흥민 선수가 그렇게 대단해? 나는 별로 관심 없어. 축구를 아무리 잘해도 그건 개인에게만 좋은 거잖아. 손흥민 선수가 나한테 직접 도움을 주는 것도 아니니까 잘하든 못하든 상관없어."

똑똑한 **맞대결**

"아니야. 스포츠의 힘은 생각보다 훨씬 커. 손흥민 선수가 활약하면 경제적으로도 도움이 되고, 우리나라를 세계에 알리는 계기가 되기도 해. 그건 손흥민 선수뿐만 아니라 우리 모두에게 좋은 일이야."

똑똑한 문제와 정리

● **맞으면 ○, 틀리면 ✕ 하세요.**

① 월드컵은 올림픽과 같은 해에 열린다. ☐

② 올림픽을 주관하는 국제 기구는 IOC이고, 월드컵을 주관하는 국제 기구는 FIFA이다. ☐

③ 손흥민의 소속팀은 아프리카 말라위의 치주물루 유나이티드FC이다. ☐

● **다음 빈칸을 채우세요.**

2002년 한일 월드컵 때 열정적으로 한국팀을 응원해 세계에 알려진 우리 응원단의 이름은 ☐☐☐☐이다.

 교과서 상식 백과

월드컵은 세계에서 가장 큰 스포츠 행사예요. 올림픽보다 출전국 수는 적지만, 관심도는 올림픽을 뛰어넘지요. 여러 스포츠 종목 중 축구가 전 세계인들이 즐기는 대표적인 종목이기 때문이에요. 월드컵은 4년마다 열리는데 각 대륙에서 예선전을 거쳐 본선에는 총 32개국이 참가해요. 우리나라 축구 국가대표 팀은 1986년 멕시코 대회부터 2026년에 열리는 북중미 월드컵까지 11회 연속 본선 무대를 밟게 되었어요. 11회 연속 진출 기록은 전 세계에서 여섯 번째로 많은 기록이지요. 부상이 없다면 손흥민 선수 외에도 이강인, 김민재, 조현우, 황희찬 선수 등이 활약할 것으로 기대돼요.

올림픽

국가대표 마라톤에 도전한 김영우

새로운 스포츠에 도전하는 건 쉬운 일이 아니야. 그것도 세계에서 가장 뛰어난 선수로 성장하는 건 정말 어려운 일이지. 그런데 이 일에 도전한 사내가 있었어. 복싱에 도전했다가 포기한 김영우였어. 몇 달 동안 김영우는 상심에 젖어 있었어. 그러던 어느 날 한소희가 달려와서 말했어.

"**올림픽**에 나가 봐요! **동계 올림픽** 피겨스케이트 종목에서 금메달을 땄던 김연아, 배드민턴에서 금메달을 땄던 안세영! 돈을 엄청 벌었다잖아요."

"내가요? 내 나이로 너무 늦지 않았을까요?"

"올림픽 정신, 몰라요? 포기하지 않고 도전해서 돈을 번다!"

김영우는 고개를 갸웃거렸어. 올림픽 정신은 성공보다는 노력에 가치를 두고, 공정하게 경쟁하는 **페어플레이**를 강조하는 것으로 알고 있었거든. 하지만 그런 걸 생각할 여유가 없었어. 올림픽은 2년 남았고, 어서 종목을 정해서 훈련을 시작하는 게 중요했지.

고심해서 선택한 종목은 마라톤이었어. 훈련 첫날 한소희가 자전거를 타고 옆에서 독려했어. 김영우는 난생처음

더 빨리 뛰어요!
올림픽 정신
몰라요?

42.195km를 뛰었어. 5km를 달릴 때 다리가 후들거렸고, 10km에 이르자, 턱밑까지 숨이 차올랐어.

"헉헉! 헉헉! 그만 뛰면 안 될까요?"

"안 돼요! 금메달을 따야죠!"

김영우는 한소희 말에 정신이 번쩍 들었어.

'맞아! 꼭 금메달을 따서 우리 집을 다시 일으켜 세워야 해.'

김영우는 죽을힘을 다해 뛰었어. 차가운 겨울바람이 불어오는 데도 온몸에서 땀이 빗줄기처럼 쏟아졌지. 20km를 지나 반환점을 지났어. 다리는 이제 감각이 없는 것 같았어. 김영우는 이러다간 쓰러질 것 같다는 생각이 들었어. 하지만 포기할 수 없었어. 뛰고 또 뛰었더니 30km 지점을 지났어. 인생에서 가장 긴 순간 같았어. 꿈만 같던 40km 지점까지 지났고 김영우는 제정신이 아니었어. 눈의 동공이 풀리고 환상이 보이는 듯했어. 자신이 시상대에 올라가서 메달을 목에 거는 모습이 보였지. 그리고 털썩 쓰러지고 말았어.

김영우는 병원에 옮겨졌고, 그 후로 6개월 동안 입원해야 했어. 십자인대 파열, 아킬레스건 손상, 허벅지 근육 파열 등등의 진단을 받았고, 병원비가 어마어마하게 나왔다고 해. ★

헉헉,
올림픽 정신은
그런 게 아닌데!

4885

최고령 마라톤 선수의 올림픽 도전기

2028년 미국 로스앤젤레스에서 열릴 제34회 올림픽을 앞두고 마라톤 국가대표 선발전이 열렸습니다. 이번 선발전에는 국내 마라톤 선수 45명이 참가했으며, 이 중 가장 높은 기록을 세운 선수들이 대표팀으로 선발되었습니다. 특히 요미시에 거주하는 40대 김영우 선수의 출전이 큰 화제가 되었습니다. 김영우 선수는 마라톤을 시작한지 불과 6개월 남짓 된 경력으로 국내 최정상급 선수들과 함께 선발전에 나섰습니다. 42.195km를 완주한 김영우 선수의 기록은 8시간 25분으로 역대 선발전 최저 성적을 기록했지만, 끝까지 포기하지 않는 모습으로 관중들의 뜨거운 박수를 받았습니다. 현장에서 응원하던 한소희 씨는 "기록은 낮지만 최고령 선수를 선발해야 한다"는 다소 이해하기 어려운 반응을 보이기도 했습니다.

👆 신문 해설

올림픽의 역사는 약 3,000년에 이르러요. 기원전 766년, 고대 그리스의 도시 국가인 올림피아에서 처음 시작되었지요. 당시 올림픽은 제우스 신께 제사를 드리고 경기를 벌이는 축제의 성격을 띠었어요. 이후 1894년, 프랑스의 쿠베르탱 남작에 의해 근대 올림픽으로 다시 태어났지요. 그는 "올림픽은 승리에 목적을 두지 않고 참가하는 데 의미가 있다"라는 올림픽 정신을 강조했어요.

그때부터 올림픽은 세계 각국이 함께하는 축제가 되었어요. 우리나라도 1988년, 160여 개 나라가 참가한 서울 하계 올림픽을 열었고, 2018년에는 강원도 평창에서 동계 올림픽을 열었어요. 또 우리나라는 올림픽에서 꾸준히 좋은 성적을 거두고 있어요. 2024년 파리 올림픽에서는 206개 나라가 참가한 가운데 금메달 13개, 은메달 9개, 동메달 10개로 종합 8위를 기록했지요.

"올림픽에 참가할 때는 이기는 것만 생각하면 안 돼요. 최선을 다해 노력하고, 함께 경기에 나서는 선수들을 배려하며 정정당당하게 겨루는 게 진짜 올림픽 정신이니까요."

똑똑한 맞대결

"올림픽에서는 노력보다 결과가 더 중요해요. 메달은 선수와 국가의 명예, 그리고 경제적 보상을 함께 가져다 주니까요. 그러니 올림픽 정신보다는 '메달을 따는 것'이 가장 중요하다고요."

똑똑한 문제와 정리

● 맞으면 ○, 틀리면 ✕ 하세요.

① 최초의 올림픽은 요미시에서 개최되었다. ☐

② 올림픽은 하계와 동계로 나누어 2년마다 한 번씩 개최된다. ☐

③ 우리나라의 첫 금메달은 마라톤 종목의 손기정 선수가 땄다. ☐

● 다음 빈칸을 채우세요.

장애인이 참가해 4년마다 한 번씩 열리는 올림픽을 ☐☐☐☐ 이라고 한다.

 교과서 상식 백과

장애인 올림픽은 '패럴림픽'이라고 해요. 'Paraplegic'(하반신 마비)과 'Olympic'의 합성어였으나, 현재는 'para'(옆의, 나란히)를 사용해 올림픽과 나란히 열린다는 뜻으로 쓰여요.

패럴림픽은 1948년 영국의 구트만 박사가 연 장애인 대회에서 비롯되었으며, 4년마다 한 번씩 하계와 동계로 나뉘어 열리고 있어요. 우리나라 선수단은 2024년에 열린 파리 패럴림픽에서 금메달 6개, 은메달 10개, 동메달 14개를 따며 종합 순위 22위를 기록했지요. 올림픽과 패럴림픽을 통틀어 우리나라의 첫 금메달은 일제 강점기였던 1936년 베를린 올림픽에서 나왔어요. 손기정 선수가 마라톤에서 첫 금메달을 땄지요.

PART5

언론

  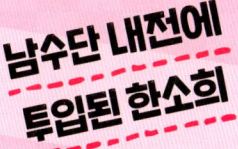

남수단 내전에
투입된 한소희

밥을 좋아해서
밥 기자를 존경해?

고소희 감옥을
벗어나려면

국민의 알 권리
독종 기자가 밝히려는 진실

찰

칵

저건 뭐 하는 짓이야?

에고고고!

미
꼬
당

앗!

앗, 들켰다!

처억

왜 제 사진을 찍는 거예요? 이건 **초상권 침해**예요!

수상해!

이 시간에 여기서 뭐 하시는 거죠? 수상해서 취재 중이에요. 전 기자라고요!

일은 잘하고 있어?

들었죠? 난 아르바이트 중이라고요!

버
럭

으악, 죄송!!

어휘 엿보기

- **잠입 취재**(潛入 取材) 기자가 본인의 신분을 숨기고, 몰래 현장에 들어가서 정보를 얻거나 사실을 파악하는 취재 방법
- **국민의 알 권리**(國民의 알 得權) 누구나 자신에게 중요한 정보를 자유롭게 알고, 궁금한 것은 물어볼 수 있는 권리

- **개인 정보 유출**(個人 情報 流出) 이름, 주민 등록 번호, 주소 등 개인 정보가 외부로 새는 일
- **초상권 침해**(肖像權 侵害) 본인의 동의 없이 얼굴 이나 신체 등 개인을 알아볼 수 있는 모습을 촬영하거나, 촬영된 사진·영상을 허락 없이 공개·이용하는 것

요미시 기자들 각성하다!

　요미시 기자협회가 '국민의 알 권리'를 주제로 심포지엄을 열었습니다. 그동안 요미시 언론들은 중요한 보도 가치가 있음에도 불구하고 기사를 내지 않은 경우가 있었습니다. 자사 광고가 줄어들 수 있다는 이유로 한 기업의 부패를 눈감아 주거나, 요미시 당국의 눈치를 보며 행정상의 문제점을 보도하지 않은 적도 있었습니다. 이번 심포지엄에서는 '국민의 알 권리'를 지키기 위한 기자들의 성명을 발표하며, 앞으로는 진실을 숨기지 않는 기자 정신을 실천하겠다고 다짐했습니다. 심포지엄에 참석한 요미일보 한소희 기자는 "제 시력이 떨어지지 않는 한, 두 눈을 크게 뜨고 사회를 감시하겠다"고 말했으며, 대충일보의 오보나 기자는 "국민의 알 권리도 중요하지만 개인의 사생활 보호도 함께 고려하는 기사를 쓰겠다"고 말했습니다.

👆 신문 해설

　'국민의 알 권리'란 공공 기관이 가진 정보를 국민이 청구해 공개받을 수 있도록 정한, 국민의 알 권리를 보장하고 국정 참여와 투명성을 확보하려는 권리를 뜻해요. 알 권리는 여러 나라에서 법으로 보장된 기본 인권으로, 정보의 자유와 정보 수집·공개 청구권을 포함하지요.

　우리나라 헌법도 언론·출판의 자유를 기본권으로 보장하고 있어요. 언론에서 말하는 국민의 알 권리란, 기자가 취재를 통해 얻은 정보를 국민에게 숨기지 말고 보도해야 한다는 뜻이기도 해요. 하지만 때로는 모든 것을 공개하는 것이 법적으로나 윤리적으로 문제가 될 수도 있어요. 예를 들면 공인이 아닌 사람의 사생활이나 초상권을 함부로 게재하면 법적으로 제재를 받지요. 간혹 범죄자의 얼굴을 공개하는 경우에도 이러한 기준에 따라 신중히 결정된 뒤 보도된답니다.

"국민의 알 권리를 위해 기자는 취재한 내용을 전부 공개해야 해요. 국민은 나라의 주인이니까 알 권리가 있죠. 아무리 민감한 일이라도 감추면 오히려 불신만 커져요. 진실을 밝히는 것이 민주 사회의 기본이에요."

"국민의 알 권리도 중요하지만, 모든 것을 다 공개해서는 안 돼요. 사회에 혼란을 줄 수도 있거든요. 국가의 안전이나 개인의 사생활처럼 지켜야 할 비밀도 있어요. 알 권리와 보호할 권리, 둘 다 균형 있게 지켜야 해요."

똑똑한 문제와 정리

● 맞으면 ○, 틀리면 ✕ 하세요.

① 남의 얼굴을 촬영하는 것은 처벌받지 않고, 유포하면 처벌받는다. ☐

② 우리 헌법에는 언론·출판의 자유를 언급하고 있다. ☐

③ 기자 회견하는 사람의 초상권은 반드시 보장받지는 않는다. ☐

● 다음 빈칸을 채우세요.

타인의 초상을 동의 없이 촬영하거나 상업적으로 이용하는 행위를 ☐☐☐☐☐ 라고 한다.

교과서 상식 백과

타인의 얼굴을 허락받지 않고 촬영하거나, 촬영한 것을 언론이나 다른 곳에 게시하거나 유포하면 안 돼요. 이런 권리를 보호받는 것을 초상권이라고 해요. 초상권은 단지 촬영 행위뿐 아니라 그림 등으로 묘사하는 것까지 포함해요. 또 상업적으로 이용해도 법적인 처벌을 받지요. 예외의 경우도 있어요. 기자 회견이나 시위 등 공적인 장소에서 공적인 행위를 하는 사람은 초상권의 보호를 받지 않아요. 공직자에게도 초상권이 있지만, 공적인 업무나 보도 목적일 때는 제한될 수 있어요. 그렇다 하더라도 명예를 훼손하기 위해 이용하면 안 돼요. 기자는 사건을 보도할 때 초상권에 대해서도 조심하지요.

뉴스가 되는 것
고소희는 왜 건물 난간에서 춤을?

 요미일보 회의실 탁자 위에는 어제 한소희 기자가 목욕탕에서 찍은 여자의 사진이 여러 장 놓여 있었어. 그걸 본 남기남 사장이 고개를 갸웃거렸어.
 "이건 왜 취재했나? 이런 건 뉴스가 안 된다고! 이러다간 요미일보는 망하고 말아! 뉴스가 될 만한 걸 취재해 오라고! 다들 현장으로 출동!"
 김영우 기자는 아이돌 그룹 요미즈를 찾아갔어. 화재가 될 만한 연예계 이야기를 **발굴**하기 위해서였지. 그때 요미즈의 리더 고소희가 김영우 기자를 보고 반가워하며 인사했어.
 "앗! 기자님! 저 신문에 나오게 해 주면 안 돼요?"
 "무슨 새로운 소식이라도 있어요? 신곡을 발표한다거나."
 "제가 어제 잠을 20시간이나 잤어요. 그걸로 기사 써 주세요."
 김영우가 웃음을 터뜨렸어.

푸역한 빵을
부드러운 패티로 감쌌다

이게 뭐야?

난간에서
댄스 공연을
했다고?

요 미

"기사가 뭐라고! 고소희, 위험천만 난간 댄스 공

"하하하! 그게 뉴스가 되나요? 뉴스로서 가치가 있으려면 사건의 **중요성**이 높아야 해요."

고소희가 곰곰이 생각하더니 되물었어.

"그러면 한 달 전에 춤 연습을 20분이나 했다는 건요?"

"그건 **시의성**에도 떨어지고, **신기성**으로 봐도 가치가 없죠."

고소희가 여전히 이해하기 어렵다는 표정을 짓자, 김영우가 더 쉽고 친절하게 설명을 이어 나갔어.

"사람들이 깜짝 놀랄 만한 사건이어야 해요. 유명한 사람에 관한 사건이면 더 좋죠. 고소희 씨는 유명하니 그건 맞아떨어지네요. 사건 안에 갈등이나 특별한 일이 있으면 뉴스 가치가 더 높아져요."

고소희가 이제 이해된다는 듯이 고개를 끄덕이고는 돌아섰어.

"알았어요! 조금만 기다려 봐요."

김영우는 요미즈의 기획사에서 나와 점심을 먹으러 갔지. 이러다간 오늘도 기사 한 줄 쓰지 못할 게 뻔했어. 남기남 국장의 호통을 들을 걱정에 목구멍으로 밥이 넘어가질 않았어. 그때 사람들이 밖에서 외치는 소리가 들렸어.

"우아, 고소희가 정신이 이상해졌나 봐요!"

김영우가 들고 있던 숟가락을 내려놓고 뛰어나갔어. 사람들이 바라보는 높은 건물 꼭대기 난간에서, 고소희가 춤을 추고 있었지. 김영우가 깜짝 놀라서 소리쳤어.

"위험해요! 얼른 내려와요!"

"신문에 뉴스 내 주면요!"

고소희는 약속을 받고서야 난간에서 내려왔고, 다음 날 요미일보에는 고소희의 사연이 큼직하게 실렸다고 해. ★

아이돌 리더의 기사 요구 만행

요미즈 리더 고소희 씨가 최근 이해하기 어려운 행동을 해 빈축을 사고 있습니다. 고소희 씨는 한동안 인기가 주춤하자, 가라앉은 인기를 끌어올리기 위해 여러 언론사에 연락해 자신에 관한 기사를 실어 달라며 끈질기게 부탁했습니다. 고소희 씨는 단지 잠을 오래 잤다는 사실을 뉴스로 보도해 달라고 하거나, 자신이 직접 안무를 짜 하루 20분 정도 춤 연습을 했다는 내용을 기사로 써 달라고 요구하기도 했습니다. 그러나 어느 언론사도 이를 기사로 다루지 않았습니다. 요미일보의 김영우 기자는 끈질기게 요구하는 고소희 씨에게 "그런 사소하고 아무도 관심 가지지 않을 일은 보도 가치가 전혀 없다"라며 "음악성 있는 신곡을 발표하거나 새로운 공연 소식이 있을 때 다시 연락 달라"고 전했다고 합니다.

👆 신문 해설

소식을 전하는 방식은 시대마다 달랐어요. 수천 년 전에는 비둘기를 보내 소식을 전했어요. 비둘기의 발에 쪽지를 묶어 급한 소식을 전하곤 했지요. 봉화에 연기를 피워 신호를 보내기도 했어요. 적이 쳐들어왔을 때 먼 거리에서도 볼 수 있는 연기를 피워 상황을 알렸지요.

이처럼 소식을 전하는 일은 오래 전부터 이어져 왔고, 과거와 현재의 공통점은 전하는 소식이 중요한 가치를 지닌다는 점이에요. 뉴스의 가치는 사람들이 꼭 알아야 할 사실과 의미에 있어요. 뉴스로 다루어지는 일반적인 주제는 전쟁, 정부, 정치, 연예, 교육, 건강, 기후 변화, 경제, 사업, 패션, 스포츠 등과 더불어 특별하거나 경각심을 불러일으키는 사건이나 사고예요. 언론사는 이러한 다양한 주제 가운데 현재 사람들이 가장 알아야 할 주제를 골라 보도한답니다.

"요미즈는 세계 최정상 아이돌이고 저는 요미즈의 리더잖아요. 그러면 많은 사람이 제 일거수일투족에 관심을 가질 게 뻔하죠. 그러니 제가 아침에 밥을 두 그릇 먹었다는 소식도 기사로 실려야 해요."

똑똑한 **맞대결**

"언론은 사회적으로 의미가 있거나 공공의 관심을 끌 만한 사실을 보도해야 해요. 잠을 많이 잤다거나 하루에 20분 정도 춤을 연습했다는 것처럼 개인의 사소한 일상을 기사로 다루는 건 저널리즘의 원칙에도 맞지 않아요."

똑똑한 문제와 정리

● **맞으면 ○, 틀리면 ✕ 하세요.**

① 가까운 소식은 굳이 보도하지 않아도 알 수 있으므로 주로 먼 곳의 소식을 뉴스로 다룬다. ☐

② 반복되는 뉴스를 전하기보다 새로운 뉴스를 전하는 것이 더 가치 있다. ☐

③ 기자는 취재 시 검증에 시간을 들이기보다 신속하게 보도해야 한다. ☐

● **다음 빈칸을 채우세요.**

흔히 시기가 적절하다는 의미로 쓰는 단어인 ☐☐☐ 은 뉴스 가치에서도 중요하게 고려해야 할 점이다.

교과서 상식 백과

새로운 사건이 일어났을 때 뉴스의 가치가 비슷하다면 가까운 곳에서 벌어진 일을 뉴스로 다루어요. 똑같은 강력 범죄가 있었다면 미국 뉴욕에서의 사건보다 대한민국에서 일어난 사건이 더 중요하게 여겨지기 때문이지요. 또한 얼마나 새로운 사건인지도 고려해요. 일주일 전과 비슷한 일을 다시 다루기보다는 새롭게 일어난 소식을 전하는 편이 더 알릴 가치가 있기 때문이에요. 무엇보다 얼마나 중요한 사건인지가 가장 신중히 판단되는 부분이에요. 그리고 이러한 모든 점을 따져 보도하더라도, 마지막으로는 반드시 검증 과정을 거쳐 내용이 사실인지 확인해야 하지요.

엠바고
누구나 다 아는 것을 모르는 기자

　오래전 한소희가 기자가 된 지 얼마 되지 않았을 때의 일이야. 요미시에 김요미 씨가 새로운 시장으로 당선되고 난 뒤였어. 경쟁지인 대충일보의 오보나 기자도 시청에 함께 출입하고 있었어.

　그러던 어느 날, 김요미 시장이 기자들을 시장실로 초청했어.

　"모레에 요미시와 관련한 중대한 발표를 하려고 합니다."

　기자들이 궁금해서 앞다투어 물었어. 한소희 기자가 먼저 질문했어.

　"무슨 일이에요? 시민들에게 공짜로 빵을 나눠 준다는 뭐, 그런 건가요?"

　"아니요! 아닙니다!"

　대충일보 오보나 기자도 질문했지.

　"시장직을 사퇴한다는 발표인가요?"

　김요미 시장이 눈이 동그래져서 고개를 흔들었어.

"그럴 리가요! 남기남 전 시장에 대한 것입니다!"

기자들은 귀가 솔깃해져서 김요미 시장의 입을 바라보았어. 김요미 시장이 말한 내용은 가벼운 것이 아니었어. 남기남 전 시장의 부패와 비리에 관한 내용이었거든.

"그는 범죄자입니다. 요미시의 공금으로 빵을 어마어마하게 사 먹었어요. 빵만 사 먹은 게 아니에요. 삼겹살, 한우 등을 사서 자

신의 집으로 가져갔고, 냉장고에 가득 채웠지요. 내일 경찰에 고발할 예정이니 내일까지는 **엠바고**를 지켜 주세요. 모레 기사로 내시면 됩니다."

듣고 있던 대충일보 오보나 기자가 고개를 끄덕거렸어. 한소희 기자는 엠바고가 무슨 뜻인지 전혀 몰랐지. 요미일보로 당장 달려가서 기사를 쓴 다음 남기남 국장에게 보여 주었어. 그걸 보고 남기남 국장이 깜짝 놀라서 물었어.

"김요미가 날 고발한대? 내가 전임 시장이잖아!"

"아! 시장이었어요?"

"김요미 시장이 한 기자에게 **오프 더 레코드**로 말한 건 없나?"

"그게 뭐죠?"

한소희 기자가 고개를 갸웃거리고 있을 때 남기남 국장이 사무실을 나갔어. 남기남 국장은 허둥지둥 급하게 서두르는 모습이었지.

그리고 다음 날 남기남 국장이자 전 시장에 대한 기사가 요미일보에 크게 실렸어. 한소희 기자는 신문을 들고 자랑하고 다녔어.

"이거 내가 쓴 **속보**예요!"

남기남 국장은 억울한 면이 있었어. 하지만 당장은 무서워서 몸을 피하고 싶었어. 한소희 기자가 쓴 기사를 비행기 안에서 보고 있었지. 물론 훗날 남기남의 결백이 밝혀졌고 **정정 보도**도 했다고 해. ★

우리 선원의 생명을 위험에 빠뜨린 뉴스

최근 한 언론사가 엠바고를 위반해 문제가 되고 있습니다. 한 달 전 아프리카 해상에서 소말리아 해적들에게 우리 선박이 납치된 뒤, 우리 군은 특수부대를 급파해 구출 작전을 준비하고 있었습니다. 국방부 관계자는 언론사에 작전 개시 시점과 규모를 알리면서 보도 시점까지 엠바고를 요청했습니다. 작전이 종료될 때까지 보도 유예를 요청한 것입니다. 이런 사실이 미리 알려질 경우, 작전에 차질이 생기고, 우리 선원들의 생명이 위험해질 수 있기 때문입니다. 하지만 한 언론사가 엠바고를 지키지 않았습니다. 다행히 작전은 성공해 선원들이 무사히 돌아왔지만, 엠바고를 위반한 언론사를 두고 논란이 계속되고 있습니다. 요미시에 사는 김영우 씨는 "언론 윤리를 어긴 행동이므로 퇴출해야 한다"라고 말했습니다.

신문 해설

납치 사건이 발생해 경찰이 용의자를 추적하고 있다고 해 봐요. 이를 취재하던 기자가 경찰을 통해 용의자의 신원을 알게 되었어요. 기자는 누구보다 빨리 보도하고 싶겠지만, 이 소식이 알려지면 용의자가 도망칠 수도 있겠지요. 그래서 경찰은 기자에게 엠바고를 요청해요. 보도는 하되, 시점을 일정 기간 미뤄 달라는 거예요. 엠바고와 오프 더 레코드는 모두 언론에서 정보 공개와 관련된 용어이지만, 의미와 적용 방식에는 차이가 있어요. 엠바고(Embargo)는 정보 제공자가 기자에게 특정 내용을 일정 시점까지 보도하지 말아 달라고 공식적으로 요청하는 것이에요. 반면 오프 더 레코드(Off the Record)는 취재원이 보도 자체를 하지 말아 달라고 부탁하는 경우로, 법적 효력은 없지만 언론계에서는 신뢰를 지키기 위해 대체로 이를 존중해 주지요.

"엠바고는 반드시 지켜야 해요. 사람의 생명이나 국가의 안전이 걸린 중요한 상황에서 요청되는 경우도 많거든요. 언론의 기본은 국민의 알 권리를 지키는 것이지만, 때로는 그보다 더 중요한 생명과 안전을 지켜야 할 때도 있죠."

"엠바고를 너무 자주 요청하는 것도 문제예요. 엠바고는 생명이나 안보처럼 꼭 필요한 상황에서만 써야 하는데, 정부 기관이 단순한 발표나 홍보 자료에도 엠바고를 걸면, 언론의 자유를 제한할 수 있어요."

똑똑한 문제와 정리

● 언론과 정보 전달과 관련해 틀린 것 두 가지를 고르세요.

① 오프 더 레코드는 보도하지 않는 것을 원칙으로 한다.
② 빨리 알리는 보도를 속보라고 한다.
③ 고대 로마에서는 종이에 법령·재판 결과·사망 등을 적어 시민들에게 배포하였다.
④ 잘못된 사실이 보도되어도 반드시 정정해야 하는 건 아니다.

● 다음 빈칸을 채우세요.

통계 발표, 정부 정책 등 일정 시점에 동시 보도가 필요한 경우,

□□□를 요청해요.

교과서 상식 백과

고대 로마에도 지금의 신문과 비슷한 것이 있었어요. 종이에 쓰지 않고, 돌이나 금속판에 글자를 새긴 신문이었지요. 율리우스 카이사르가 기원전 59년경 정치적 목적으로 도입한 '악타 디우르나'가 바로 그것이에요. 악타 디우르나는 매일 게시된 공식 일간 공고문으로, 주로 법률, 재판 결과, 결혼과 사망 등 시민 생활에 중요한 소식을 돌이나 철에 새겨 광장 게시판에 붙였어요. 이틀간 게시한 뒤 철거하고, 새 소식이 생기면 다시 돌이나 금속판에 새겼지요. 악타 디우르나는 로마 시민에게 신속한 정보를 전달하고 정치 권력을 분산시키려는 목적에서 만들어져, 현대 언론의 시초로 여겨진답니다.

종군 기자
남수단 내전에 투입된 한소희

독자 여러분께 깊이 사과드립니다

최근 자사의 보도와 관련해 심각한 문제가 발견되어 독자 여러분께 진실을 밝히고 사과드립니다. 자사는 남수단 내전 사태와 관련해 한소희 기자를 종군 기자로 급파해 현장 취재 및 보도를 진행하도록 했습니다. 그러나 방송으로 송출된 한소희 기자의 취재 영상은 실제 현장에서 촬영한 것이 아니라, 타사 자료나 인공 지능이 만들어 낸 딥페이크 영상이었던 것으로 확인되었습니다. 유튜브를 통해 공개된 영상 속 장면들은 한소희 기자가 마치 전쟁터 현장에 있는 것처럼 연출한 화면이었습니다. 자사는 해당 영상을 모두 공식 계정에서 삭제했으며, 언론윤리강령을 위반한 점을 엄중히 보고 한소희 기자에게 6개월 정직 처분을 내렸습니다. 앞으로는 이러한 일이 다시 발생하지 않도록 취재 원칙을 철저히 지키겠습니다.

신문 해설

기자는 역할이나 분야, 매체에 따라 여러 종류로 나눌 수 있어요. 주로 출입처나 외근을 나가 취재하는 사람을 취재 기자라고 하고, 안에서 원고를 정리하고 제목을 정하는 사람을 편집 기자라고 해요. 사진 기자는 흥미롭고 중요한 장면을 찍기 위해 현장에서 긴 시간을 보내지요. 또 매체에 따라 신문 기자, 방송 기자, 인터넷 기자 등으로 나누기도 해요. 신문사나 방송사에 소속된 취재 기자들은 맡은 분야에 따라 사건·사고를 주로 다루면 사회부 기자, 정치를 담당하면 정치부 기자, 책이나 영화·연극 등을 담당하면 문화부 기자 등으로 나누지요. 종군 기자는 군대를 따라 전쟁터로 나가 전투 상황을 보도하는 신문·잡지·영상 기자를 말해요. 전쟁터는 생명을 위협받는 위험한 곳이지만, 그 참상을 세상에 알릴 수 있다는 점에서 보도 가치가 가장 높은 현장이지요.

"난 한소희 기자를 이해해. 전쟁터에 나간다고 하니 얼마나 무서웠을까? 전쟁의 현실을 세상에 알리는 것도 중요하지만, 그 과정에서 목숨을 잃을 수도 있잖아. 종군 기자라는 직업은 이제 사라져야 할 것 같아."

똑똑한 맞대결

"그래도 거짓 보도를 해선 안 돼. 종군 기자들은 전쟁터에서 어느 정도 보호를 받을 수 있다고 해. 무모하게 위험에 뛰어들지만 않는다면 비교적 안전하게 진실을 전할 수 있어. 세상에 진실을 알리는 사람은 꼭 필요해."

똑똑한 문제와 정리

● 맞으면 ○, 틀리면 ✕ 하세요.

① 전쟁터는 위험해서 종군 기자라고 하더라도 신문사 안에서 취재해야 한다. ☐

② 사건이나 사고 등이 일어나면 사회부 기자가 취재한다. ☐

③ 탐사 기자는 진실을 알리기 위해서 어떤 행동이든 해도 된다. ☐

● 다음 빈칸을 채우세요.

책과 영화, 연극, 음악 등 예술과

문화 관련 정보를 다루는 기자를

☐☐☐☐☐ 라고 한다.

교과서 상식 백과

탐사 보도 전문 기자도 있어요. 탐사 보도는 잘 알려지지 않거나 감춰진 사실을 추적하고 조사해 문서나 증거를 세상에 공개하는 보도예요. 주로 사회의 공공 이익을 위해 부패나 부조리를 밝히기 때문에 보도 가치가 높지만, 진실을 밝히는 과정에서 위험이 따르기도 하지요. 탐사 보도 전문 기자는 제보가 들어오면 그 내용이 믿을 만한지 확인한 뒤 취재를 시작해요. 증거나 증언을 모으기 위해 위험한 곳에 잠입하기도 하고, 필요할 땐 몰래 카메라 등을 사용하기도 해요. 이 경우에는 반드시 취재 윤리를 지켜야 하고, 보도를 내보내기 전엔 반론권을 보장해 주어야 하지요.

세상을 바꾼 뉴스

밥을 좋아해서 밥 기자를 존경해?

요미일보는 또다시 독자들로부터 큰 원성을 들었어. 한소희 기자가 연이어 오보를 내보내고, 전쟁터에 가지 않았으면서 마치 실제 현장처럼 보도한 뉴스가 발각되었기 때문이야. 남기남 국장은 기자들을 불러 모아서 기자 교육을 하게 되었어.

"기자는 진실만을 보도해야 해. 미국의 밥 우드워드 기자는 **워터게이트 사건**을 보도해서 당시 닉슨 대통령을 물러나게 했어."

"밥? 푸하하, 사람 이름이 밥이에요?"

한소희 기자는 남기남 국장의 이야기를 제대로 듣고 있지 않는 것 같았어. 그런데도 남기남 국장은 계속 말을 이었어.

"인도의 위인 간디가 영국의 제국주의에 맞서 무저항 비폭력 독립운동을 벌인 거 알지?"

푸하하,
사람 이름이
밥이래!

김영우 기자가 고개를 끄덕거렸어.

"그럼요! 인도 독립의 **기폭제**가 되었잖아요."

"그때 간디는 높은 소금세에 반대해 386km를 걸어가는 평화 시위를 했어. 이게 전 세계에 기사로 전해져서 인도의 독립운동이 알려지게 된 거야."

한소희 기자가 그제야 고개를 끄덕였어.

"흠, 뉴스가 세상을 바꾼 거네요."

"이제 좀 말이 통하는군. 우리도 그런 뉴스를 써야 해."

"또 어떤 뉴스가 있나요?"

남기남 국장이 서랍에서 오래된 신문을 하나 들고 와서 펼쳐 보였어.

"이건 옛 소련, 지금은 우크라이나에 있는 체르노빌 지역에서 일어난 원자력 발전소 폭발과 관련한 기사야. 최악의 재난 사고인 **체르노빌 원전 사고**가 일어났던 거지. 소련의 지도자들은 처음에 이 사실을 비밀로 하려 했어."

"흠, 기사를 통해 전 세계에 알려지며 공개가 된 거군요."

"맞아! 그러자 소련 지도자들도 태도를 바꾸어 체르노빌 지역에 접근하는 것을 막았고, 원자력의 안정성에 대해 전 세계가 경각심을 가지게 되었지."

김영우 기자도 덧붙였어.

"**2004년 인도양 대지진**이 일어나서 인도네시아 등 여러 나라가 피해를 입었을 때 대대적인 보도가 있었죠. 그 보도로 인해 전 세계가 피해를 입은 이들을 돕기 위해 나선 것이 기억나네요."

남기남 국장이 한소희 기자를 바라보며 질문했어.

"이제 어떤 기사를 써야 하는지 알겠나?"

"밥 기자처럼 해야죠! 그나저나 밥은 언제 먹어요?"

점심시간이 아직 한참 남았지만, 한소희 기자에겐 밥이 늘 우선이었지. ★

요미월드 신문

식당 한 끼 식사가 90,000원?

세상이 뒤집힐 만한 일이 요미시에서 벌어졌습니다. 최근 요미시에 있는 한 식당에서 김치찌개의 가격을 기존 9,000원에서 90,000원으로 인상했습니다. 가격이 인상되기 전 이 식당에서 김치찌개를 10그릇 먹으면 90,000원이 나왔지만, 이제는 한 그릇에 그 금액을 내야 합니다. 요미일보의 한 기자는 이 식당의 단골로, 식사 때마다 김치찌개 10그릇을 먹었지만, 지금은 반으로 줄인 5그릇만 먹는다고 합니다. 요미시 시민들은 이런 가격 인상을 미처 알지 못하고 식사했다가 한 끼에 90,000원을 내는 피해를 보고 있습니다. 기사가 나간 뒤 한소희 기자는 이 식당의 가격이 어떻게 변하는지 계속 지켜볼 계획이라고 합니다.

취재 한소희 기자

신문 해설

1980년 대한민국 광주에서는 믿기 힘든 일이 벌어졌어요. 정권을 잡은 신군부가 민주화를 요구하던 시민들에게 총을 쏘아 수많은 사람이 희생됐지요. 당시 신군부는 언론을 철저히 통제하고 외신 기자들의 취재도 막아 이런 참혹한 상황이 세상에 알려지지 못했어요. 광주의 진실을 처음 세계에 알린 사람은 독일의 기자 위르겐 힌츠페터였어요. 그는 1980년 5월 광주에서 계엄군의 폭력과 시민들의 용기 있는 모습을 카메라에 담아 독일로 보냈지요. 이 영상을 통해 국제 사회는 광주의 참상을 알게 되었어요. 힌츠페터는 독일의 공영 방송 기자로, 국내 언론이 전하지 못한 진실을 세상에 알린 '푸른 눈의 목격자'로 불려요. 그의 영상은 후에 다큐멘터리로 제작됐고, 영화 〈택시운전사〉로 재탄생해 광주의 아픈 역사를 더 많은 사람들에게 전해 주었답니다.

"내가 쓴 식당의 부당한 가격 인상 고발 기사는 세상을 바꿀 뉴스가 맞아. 내가 보도하지 않았다면 이 식당뿐 아니라 다른 식당들도 잇따라 값을 올렸을 거야. 그런 상황을 막았으니 내 기사는 분명 의미 있는 기사이지."

똑똑한 맞대결

"그 정도 일은 기삿거리로 삼을 수는 있겠지만, 세상을 바꿀 만한 뉴스라고 보긴 어렵죠. 요미24 편의점의 강냉이값이 500원에서 1,000원으로 오른다고 해도, 그런 건 기사로 다루지 않잖아요?"

똑똑한 문제와 정리

● **맞으면 ○, 틀리면 ✕ 하세요.**

① 워터게이트 보도는 미국의 정치 상황을 한순간에 바꾼 중요한 뉴스였다. ☐

② 워터게이트 사건 보도 후, 트럼프 대통령이 대통령직에서 물러났다. ☐

③ 광주 민주화 항쟁 당시 언론의 자유가 보장되었다. ☐

● **다음 빈칸을 채우세요.**

큰일이 일어난 계기가 된 일을 ☐☐☐라고 한다.

교과서 상식 백과

워터게이트 사건은 1972년 미국 대통령 리처드 닉슨의 재선 캠프가 민주당 전국위원회 사무실에 도청 장치를 설치하려다 적발된 사건이에요.

1972년 6월 17일, 워싱턴 D.C. 워터게이트 빌딩의 민주당 사무실에 침입한 5명이 도청 장치를 설치하다 체포됐지만 닉슨 행정부는 자신들과 무관하다고 주장했어요. 그러나 워싱턴포스트의 기자 밥 우드워드와 칼 번스타인이 취재하며 백악관의 연루가 드러났지요. 이에 국민의 분노가 커지고 의회의 탄핵 절차가 이어지자, 닉슨 대통령은 1974년 8월 9일 대통령직에서 스스로 물러나 미국 역사상 처음으로 임기 도중 사임한 대통령이 되었어요.

알고리즘 함정
고소희 감옥을 벗어나려면

　언론사 요미일보가 위기를 겪다가 개설한 유튜브 채널 '요미월드'의 첫 번째 구독자는 이연우였어. 이연우는 재미 삼아 '바보'란 단어를 검색했고, 그때 요미월드에서 올린 영상이 보인 거야. 이연우는 깔깔거리며 보았지.

　"낄낄, 너무 웃겨!"

　이연우는 매일 5시간씩 유튜브를 보았어. 길을 걸으면서도 보고, 틈만 나면 유튜브를 보는 아이였지. 처음 요미월드를 알게 된 후 다른 콘텐츠도 보게 되었어. 요미월드에는 다양한 캐릭터들이 있었고, 재미있는 영상이 많았어. 그런데 한 달쯤 지나자 지겨워지기 시작했지.

　"이제 다른 것 좀 보면 좋겠다!"

　그러던 어느 날 이연우는 고민이 생겼어. 학교 폭력에 시달리게 된 거야. 그래서 유튜브에 '학교 폭력'이라고 검색했어. 바로 뜬 영상이 요미월드의 학교 폭력 관련 영상이었어.

"어? 저거 고소희 아냐? 어휴, 이제 고소희는 지겨워!"

다음 날은 기분 전환을 하려고 유튜브로 신나는 음악을 검색했어. 그런데 또 요미월드의 고소희가 등장했어.

고소희가 춤을 엉망으로 추고 있었지.

"또 고소희야! 이제 그만 보고 싶어!"

이연우는 고함을 질렀어. 마침 옆에 있던 남기남이 힐끗 쳐다보며 말했어.

"그건 유튜브 같은 **온라인 플랫폼**의 인공 지능이 네가 좋아할 만한 것을 계속 제시해 주기 때문이야. **추천 알고리즘**이라고 하지."

"전 고소희가 싫은데 자꾸 고소희만 떠요!"

"정말? 다른 거 아무거나 검색해 봐!"

이연우가 '먹방'이라고 검색했어. 그러자 또 고소희가 찍은 먹방 영상과 음식 관련 영상들이 쭉 올라왔어. 이연우가 그중에 하나를 누르자 고소희가 춤추며 노래하는 영상이 재생되었지.

피자 한 판 갖고 온 날 의심하지 마~ 이건 식사 아닌 다이어트~

"으악! 봐요! 고소희 감옥에 갇혀 버렸어요!"

"흠, 추천 알고리즘은 **필터 버블**을 통해 이용자를 자기 성향에 맞는 것만 보게 하지. 다양한 생각과 정보를 가져야 하는데 참 큰일이군. 내가 알고리즘의 지옥에서 벗어나게 해 줄게. 이리 줘 보렴."

남기남은 이연우의 휴대 전화를 건네받은 뒤 이연우의 유튜브 채널 계정에 '금쪽이', '초코위키', '요미24편의점' 같은 검색어를 마구 적기 시작했어. 모두 요미월드 영상과 관련된 단어들이었지.

'히히, 이 아이에겐 미안하지만, 계속 요미월드가 살뇌노록 해야시!'

이로써 이연우는 그 후로도 요미월드의 애청자로 계속 남았다고 해. ⭐

알고리즘의 편향성을 강화한 요미상사

최근 요미상사가 첨단 인공 지능 기술이 탑재된 검색 엔진을 개발해 내놓았지만, 이를 사용한 이용자들로부터 거센 항의가 이어지고 있습니다. 요미상사는 자사 검색 엔진이 그동안 문제로 지적되어 온 알고리즘의 편향성을 해결한 혁신적인 제품이라고 홍보했습니다. 경쟁사인 고걸사의 검색 기능에서는 '먹방'을 검색할 경우 먹방 유튜버들과 라면, 고기 등 다양한 음식 종류뿐 아니라 먹방의 역사나 사회적 영향 등 여러 학문적 해석까지 함께 노출되었습니다. 반면 요미상사의 검색 엔진에서는 '먹방'을 검색할 경우 '고소희 라면 먹방', '고소희 칼국수 먹방' 등 고소희의 먹방과 관련된 기사나 영상만 주로 표시되었습니다. 이에 대해 요미상사 담당자는 "인공 지능에게 똑바로 하라고 말하겠다"는 입장을 밝혔습니다.

👆 신문 해설

세상에는 뉴스가 넘쳐나요. 스포츠, 연예, 정치 등 정보와 뉴스가 매일같이 쏟아져 나오지요. 그리고 이런 정보와 뉴스들에 대한 의견이 서로 다르고, 바라보는 시각도 매우 다양해요. 매체마다 다른 시각으로 뉴스를 전달하고, 정치적 견해를 달리하기도 하지요. 이때 뉴스를 소비하는 이들이 가장 경계해야 할 것은 바로 정보의 편식이에요. 탄수화물만 먹고, 단백질은 전혀 섭취하지 않는다면 영양이 부족해 건강이 나빠지듯이 편향된 정보만 받아들이면 세상을 한쪽으로만 바라보게 돼요.

그래서 알고리즘의 함정을 조심해야 해요. 유튜브 같은 플랫폼은 알고리즘을 통해 데이터를 보여 줘요. 인공 지능이 사용자의 온라인 사용을 분석한 후, 유사한 내용을 반복적으로 노출하거든요. 알고리즘의 함정을 벗어나야만 편향된 시각에서 벗어날 수 있어요.

"알고리즘은 정말 똑똑해! 내가 뭘 좋아하는지, 무엇을 필요로 하는지를 나보다 더 잘 아는 것 같다니까? 그래서 요즘은 옷 한 벌을 살 때도 알고리즘이 추천해 주는 것만 믿고 사고 있어."

똑똑한 맞대결

"그러니까 엄마 옷이 다 비슷한 거야. 알고리즘은 내가 한 번 본 걸 계속 추천해서 결국 비슷한 것만 보게 되잖아. 처음엔 편리하지만, 인공 지능이 정한 틀 안에서만 고르게 되면 내 개성이 점점 사라질 수 있대."

 똑똑한 문제와 정리

● 맞으면 ○, 틀리면 ✕ 하세요.

① 내 휴대 전화로 보는 뉴스는 알고리즘이 추천한 뉴스들일 수 있다. ☐

② 인공 지능은 세상의 많은 뉴스 중에서 나쁜 뉴스만 추천한다. ☐

③ 인공 지능과 알고리즘은 아무런 관련이 없다. ☐

● 다음 빈칸을 채우세요.

알고리즘으로 사용자에게 맞춤한 특정 데이터만을 제공하게 되면서, 그 사용자가 특정 정보만을 소비하게 되는 현상을

☐☐-☐☐ 이라고 한다.

 교과서 상식 백과

인공 지능 기술이 발달하면서 여러 문제가 나타나고 있어요. 인공 지능을 이용한 범죄가 늘고, 첨단 인공 지능이 윤리적인 문제를 일으키기도 하지요. 또 인공 지능의 한계에서 비롯된 문제도 있어요. 인공 지능이 특정 집단에 대해 편견을 가지거나 사실을 왜곡하기도 하지요. 이는 알고리즘을 잘못 설계했을 때 생기는 현상이에요. 특히 인공 지능이 수집한 데이터가 일부 집단이나 상황을 제대로 반영하지 못하면, 차별이 생기기도 해요. 예를 들어, 아시아인에 대한 데이터가 부족한 채용용 인공 지능은 서류 평가 과정에서 아시아인 지원자들을 자동으로 제외할 수도 있어요.

요미월드 도와줘! 초등 신문 ❷

절대 읽지 마, 신문

초판 1쇄 인쇄 2025년 10월 24일
초판 1쇄 발행 2025년 10월 31일

원작 요미월드
글 김지균   **그림** 이정수
발행인 심정섭
편집인 문영
편집팀장 이주희   **책임편집** 도세희
제작 정승헌   **출판마케팅** 홍성현, 장동철
디자인 루기룸
인쇄처 에스엠그린
발행처 ㈜서울문화사
등록일 1988년 2월 16일
등록번호 제2-484
주소 서울시 용산구 새창로 221-19
전화 02-799-9149(편집) | 02-791-0752(출판마케팅)

ISBN 979-11-7371-069-8
ISBN 979-11-7371-051-3(세트)